# イマージュの肉

# イマージュの肉
## 絵画と映画のあいだのメルロ゠ポンティ

マウロ・カルボーネ
西村和泉――訳

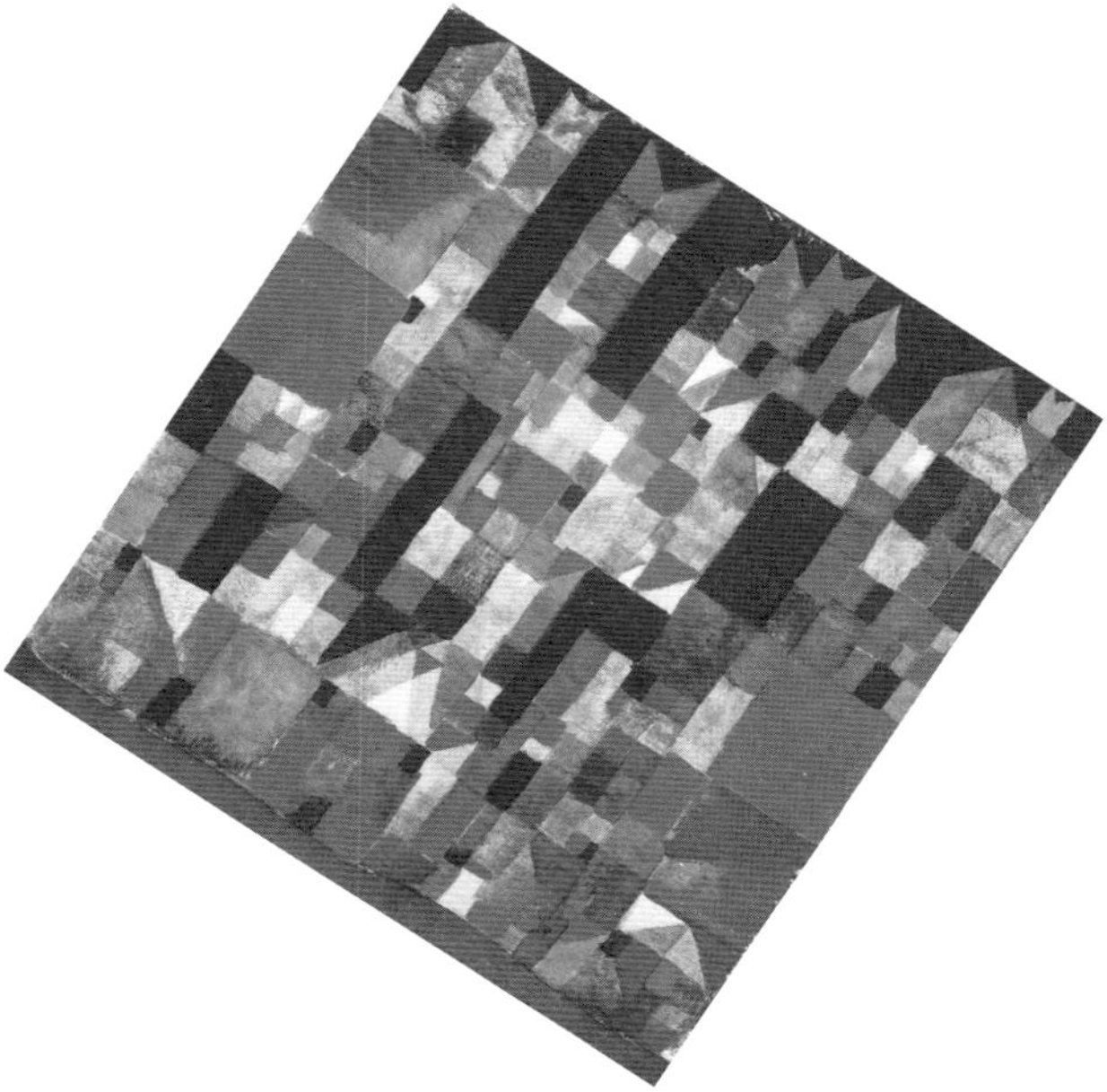

水声社

# イマージュの肉——目次

# 凡例

一、原注は（1）（2）、訳注は（一）（二）の形式でそれぞれ章ごとに示し、すべて巻末にまとめた。

一、「　」は、引用符«»に対応する。

一、原文中のイタリックについて、作品タイトルの場合は『　』で括り、強調の場合は傍点を付した。

一、論文および草稿のタイトルは「　」で括り、必要に応じて原題を併記した。

一、（　）は原文の（　）を、［　］は原文の［　］を、そのまま示す。［……］は原文における引用文中の中略を意味する。

一、〔　〕は、原語を挿入するため、また、訳者による補足説明のために用いる。

一、〈　〉は、原文の大文字から始まる語を示す。ただし、大文字を用いるのが通例とされる語については〈　〉を省略した。

一、引用文中の引用や強調を示す‹　›は、〈　〉で示す。また、いくつかの単語がひとまとまりの意味を持つことを示すために〈　〉を用いる場合もある。

一、引用文で邦訳のあるものは、概ねそれらを参照させて頂き、文脈上必要に応じて新たに訳出を行った。参照した邦訳書のタイトルと頁数は注に記した。

# 日本の読者の皆さまへ

スイスのベルンにあるパウル・クレー美術館に、「形象の発生」〔*Urwege zur Form*〕と名づけられた一連のドローイングが展示されています。忘れてはならないのは、形象の発生を思いついたクレーの考えが、先行するモデルに照らすことから自由であり、自発的であった点です。それゆえ、この発生は本書で提案する意味でのコーラ〔*khôra*〕が生み出したもの、すなわちメルロ＝ポンティの「肉」の概念とコーラとの共鳴にもとづく発生とみなされます。本書ではまず肉を「可視性」という語でとらえ直しますが、この試みの糸口を見出すためには、晩年のメルロ＝ポンティが取り組んだ「光の新しい理念」への揺るぎなき探究に注目しなくてはならないでしょう。彼の探究によれば、光とはもはや――西洋の伝統においてプラトンが「洞窟の比喩」で定義したような――影と相反する光としてとらえるべきではなく、影と本質的に結びつくものとして理解する必要があります。私は『イマージュの肉』の執筆をとおして、まさにこの「光の新しい理念」の追求を深めることができ、そこからコーラの反プラトン的概念をつかむための諸要素を導き出すことができました。

じっさいに、晩年のメルロ＝ポンティは一元論者の立場で、プラトンが分類した三つの種――諸観念のモデル、それらのモデルのイマージュ、イマージュを基に感じられる世界を生成する「母であり受容体」としてのコーラ――をまとめ上げるただ一つの存在要素をつかもうとしています。メルロ＝ポンティは、このような形而上学的思考法から逃れることを唯一可能とする姿勢としての一元論をたえず追い求めました。彼が「肉」と呼んだ唯一の存在要素、私が「恒常的分化における差異独自の織地」と定義した要素を考えたのもそのためです。肉における恒常的分化は、本書で性格づけたような差異によって見えるという原則から生み出されます。それは影と本質的に結びついた光から構成される上、メルロ＝ポンティが『眼と精神』のなかで解読しているヘルメス・トリスメギストスによれば、コーラそのものの影から到来する光に含まれます。これこそ、晩年のメルロ＝ポンティの探究が目指したものであると私は考えます。そして私がその探究のなかに可視性としての肉の存在論的考察の断片を見出したのもそのためなのです。

　本書で述べるように、メルロ＝ポンティの考察は、当然ながら「現れを見せる表面の存在論の復権」を暗に強調しています。この表面は、西洋の支配的な伝統にみられるようなヴェール、つまり真実の純粋な光を抑え、隅々まで覆い隠すため、外したり穴を開けたりせねばならないヴェールとみなすことはできず、人々の眼差しを交差させる開いた窓とみなすこともできません*。一方、メルロ＝ポンティはそれを不透明な表面と性格づけており、その表面が私たちにイマージュを見させることを可能にすると書いています。そのイマージュのなかで、真実が本質的な「曖昧さ」となって現れるのです。それは図と地の関係においても生じますし、背景に高速連写される画像が生み出す見かけの運動としてのストロボスコープ運動の知覚が、映画のシークェンスという統一された知覚につながることからもうかがえます。

このように『イマージュの肉』で私が目指したことの一つは、解釈学的手法を用いるメルロ゠ポンティの考察が今日の視覚文化研究の観点をいかに先取りしていたかを示し、今日の視覚経験を読み解くためにどれほど役立つのかを明確にすることにあります。

もちろん、この目的を追求するためにすべきこと、異なる方法を用いてすべきことはまだ沢山あります。ですから、私は本書について皆さまにこう書いておきましょう——次回へ続く〔*to be continued*〕。

二〇一七年春、リヨンにて

マウロ・カルボーネ

# 謝辞

本書は、すでに上梓した拙著『プルーストと感受される理念』〔*Proust et les idées sensibles*〕と対をなしている。そこでは理念にまつわる新たな諸概念を示したのに対し、本書では理念の感受される側とみなされてきた画像の現在の位置づけを考察することを目指した。この点からも、本書を前著と同じシリーズに収めてくださったブルース・ベグーとエティエンヌ・バンブネにまず感謝を申し上げたい。本書のいくつかの章は、既刊の論集に掲載されたものである。拙論の翻訳と編集の際にお世話になった方々、また出版に向けて重要な役割を担ってくれた仲間に感謝を述べたい。エマニュエル・アロア、ロナルド・ボナン、ギョーム・カロン、ジャン＝クロード・ジャン、アドネン・ジュデ、ステファン・クリステンセン、リカルド・ピネリ、アンドレア・ピノッティ、クラウディオ・ロッゾーニ、エマニュエル・ド・サントベール、ジャン＝ジャック・ヴナンビュルジェ。そして、私の友人で話し相手で協力者でもあるピエール・ロドリゴに深謝する。彼の辛抱強く温かい支えなくして、本書が日の目をみることは決してなかっただろう。

哲学とは、あらゆる未知の素材に適した思索であって、
哲学に適したすべての素材が未知でなくてはならないような思索だと言いたい。

——ジョルジュ・カンギレム**

# 序章
# 今日の肉と視覚の思考

メルロ＝ポンティが晩年の著書で「肉〔chair〕」の概念を中心に考察したことは広く知られている。一方、「肉」が「エレメント」の別名で〈可視性〔Visibilité〕〉[1]とも呼ばれていることは忘れられがちである。だが、主体にも客体にも帰属せず能動と受動を結び合わせるこの〈可視性〉という語こそ、何にもまして興味深い。じっさいに、彼の突然の死によって執筆がとだえた『見えるものと見えないもの』の数頁をみると、〈可視性〉というエレメントは「事実としての身体にも事実としての世界にも、それに固有なものとしては」属しておらず、このエレメントによって「見る者と見えるものが互いに入れ替わるため、誰が見ていて何が見られているのかが、もはや分からなくなる[2]」と書かれている。さらにメルロ゠ポンティは、〈可視性〉によって様々な見えるものの総体を明るみに出しただけでなく、そこに見えるもの独自の内と外の領野を示す複数の力線と次元を含みこませた。そして最終的にソシュールの言語学から導き出した教えにならって、見えるものを物や色としてとらえるのではなく、「様々な物や色の間の差異、色づけられた存在あるいは可視性の瞬間的な結晶作用[3]」と弁証法的に解釈した。そこで可視性とは、つねに見えるものと〈見えるもの自体が間接的に示す〉見えないものとが織り合わさった差異の生地として現れる。

〈可視性〉というエレメントは、これらの特性を拠りどころにして西洋哲学が伝統的に築き上げてきた領域に対抗し、新たな存在論の観点を告げるために現れた。じっさいに〈可視性〉という存在はおのれを地平の存在と定義する。それは「ある新しい存在の型、多孔的で含みが多く一般性を備えた存在であるため、誰かの眼前にその地平が開かれるとき、彼はそれにとらえられ、含み込まれてしまうのだ[4]」。メルロ゠ポンティが晩年の著書で明らかにした「ナルシシズムの第二の、しかもより深い意味[5]」が示しているのも、まさしくこの「新しい存在の型」であって、われわれは含みこまれる経験を通してこの存在を垣間見ることができる。見える存在そのものが自身を見ようとする一種の欲望によって、見る者でもあるたぐいまれな可視的存在をめぐって包含が起こるのだ。この点からメルロ＝ポンティは、「見えるものとそれ自身との関係が私を貫いており、私を見る者として構成する[6]」とも主張している。さらにこの主張は、彼がわれわれの身体性から〈可視性〉の経験をとらえていったのとまったく同じように、世界の肉の経験――〈可視性〉の経験――からわれわれの身体性を理解していったことを明らかにしている。

これらの理由に加えて別の理由から、本書では次の二つの確信に基づいて論を進めていく。その一つは、〈可視性〉の概念から「肉」の概念を性格づけることによって「肉」に対する誤解の大半を解くことができるという点であり、もう一つは、メルロ＝ポンティ自身をとてつもなく斬新な存在論へと導いたこの概念を通して、今日もっとも創意に富んだ文化現象のいくつかを哲学的に考察しうるという点である。

今日の文化現象において象徴的なのは、人と画像との新たな関係性である。事実、誰もが知っているとおり、進化し続ける視覚テクノロジーやメディア・テクノロジーによってわれわれの存在はヴィジュアライゼーションやヴィジュアルの経験といった新しい形式にたえず開かれており、映像は実用的かつ商業的、そして理論的にも新たな中心を担っている。このような動きを通して、一九九〇年代以降、現代文化における映像の位置づけに対する新たな分析として「イコン的転回」(「アイコニック・ターン」または「ピクトリアル・ターン」とも呼ばれる)が登場した。

このような映像の位置に生じ続けている変動が喚び起こすと同時に求めているのは「プラトン主義」の転倒という一形式である。この形式によって——ニーチェの哲学が規定し[7]、モダン・アートが探究した前提を発展させることで——略式のプラトン哲学が相変わらず影響力を持つ現代にも相応しい思考が作り上げられるだろう。

メルロ゠ポンティが最後に残した絵画に関する哲学論、『眼と精神』の一節にも、ここに挙げたようなプラトン哲学への言及がみられる。

> 画像《イマージュ》という語は評判が悪い。なぜなら、人々は軽率にも素描《デッサン》とは模写、複製、二次的なものと信じてきたからである[8]。

現代の思想家の大方はこの見解に異論を唱えないだろう。それでも、「不在なものをありのままに現前させる」[9]ことを画像のなによりの特性とする傾向はあいかわらず強いため、この考えによって画像は基本的に、現実の死や象徴的な死の経験に追いやられる。ところが、もし画像が「二次的なもの」ではなく原型を写すのでもない（むしろそれを創造する）としたら、死よりも誕生の経験とはるかに強く結びついた形で現れるはずである。その点からも画像は、それをたやすく死と結びつける見解の背後にプラトン主義が潜んでいることを明らかにするのである。

より一般的に考えて、もし画像が「二次的なもの」ではないとしたら、それをたんに参照の形象と呼ぶことはできない――本書で適宜取り上げていくのもこの点である。なぜなら、参照の本質は複雑であり、その構造は増殖し、絡み合っているため、参照の手がかりとなるはずの「最初のもの」――現前化するはずの不在――が結局見当たらないのだ。

このような画像と見ることの位置との補完関係について、すでに挙げた著書とほぼ同時期に書かれた『シーニュ』の「序章」でメルロ＝ポンティは次のように定義している。

見ることは、原則として目に見える以上に見ることであり、潜在的な存在に接近することである。見えないものとは見えるものを浮き彫りにする深さであるが、見えるものの方が見えないものよりも純粋な陽性《ポジティヴィティ》を備えているわけではない[10]。

じっさいに、画像が「二次的なもの」でないとしたら、それはまさに「見ることは、原則として」不在なものをありのままに現前させる「以上に見ること」だからである。私がこれから取り上げるように、メルロ＝ポンティは「見える以上に見る」ことを最終的に「透視力〔voyance〕」と名づけており、それこそが「不在なものをわれわれに現前させる」[11]と説明している。ここで忘れてはならないのは、この透視力が「見える以上に見る」――見えないものを「見えるものを浮き彫りにする深さ」として見えるようにする――ことで「不在なものをわれわれに現前させる」点である。それはたんに「不在なもの」を現前させるだけでなく、存在したことのない独特な現前をありのまま創造する。[12] メルロ＝ポンティが「準－現前〔quasi-présence〕」[13]と名づけたものも、こう理解すべきだと考える。つまり「準－現前」とは弱まった現前ではなく「可視性の内部に不可視性を孕むこと」[14]、効果的かつ強力な「潜在性」

――つまり「想像的なものの肉」[15]として理解すべきなのだ。とはいえ、これらはすべて起こる。なぜなら、『眼と精神』の別の表現によれば、「見える以上に見る」とは、われわれが見るものに「したがって」、それ「とともに」見ることだからである。この表現についてじっくりと考えたい。

私は物を見るようには絵を見ていないし、絵をそこに見据えようともしない［……］私は絵を見ているというよりも、絵にしたがって、あるいは絵とともに見ている。[16]

メルロ＝ポンティがこの表現で性格づけようとした「見ること」をルネサンス以降に西欧文化の中心を担ってきた窓〔fenêtre〕という表象のモデルから理解することができないのは明らかであろう。[17] 彼が示そうとしているのは、むしろ別のモデルに近い。それは現代の画像の経験に根源的な問いを投げかける画面〔*écran*〕のモデルである。われわれは、窓というモデルによって見えるものを「それ自体の場に」定着しうると考えてきたのに対し、画面とは明らかに、画面「にしたがって」あるいは、画面「とともに」見させる。メルロ＝ポンティが終生映画に関心を抱き続けた理由もここにある。彼の映画への関心が知られるようになってからまだ日が浅いが、本書では従来ほとんど取り上げられてこなかった資料や未出版原稿をひも解くことで彼の関心に注目していきたい。『眼と精神』の表現は言うまでもなく絵画に依拠しているが、メルロ＝ポンティがそこから見出そうとしたのは、ヴィジョンの普遍概念である。私たちも知覚や想像的なものを満たしている画像「にしたがって」、その画像「とともに」見るのが普通であることから、この概念は現代にも通用する普遍性を持っている。

この赤は、それが置かれた場所と布置をなすように取り巻く別の様々な赤と結びつくことによってのみ、あるいはその赤が支配されたりそれを支配したり、引き寄せられたりそれを引き寄せたり、反発されたりそれを反発したりする他のさまざまな色と結びつくことによってのみ、その赤なのである。それは要するに、同時性と連続性の網状組織のある結節点なのだ。それは、可視性の具体化である［……］。ある赤とはまた、様々な想像の世界の底から持ち帰られた化石でもある。(18)

このように、「見える以上に見る」とはまさしく見えるものを、それ「にしたがって」、それ「とともに」見ることと理解される。これを明らかにするのは、メルロ＝ポンティが晩年の著書で「神話的」と呼んだ領域の効果的かつ強力な潜在性と、それらのきわめて独特な時空間の力学と未踏の存在論的意味である。彼が〈可視性〉と呼んだエレメントが「肉」の別名とみなされるのも、そのためなのである。

> 色と言われるものと見えるものと言われるものとの間には、それらを裏打ちし、支え、養う織地が見いだされるであろうし、その織地自体は物ではなく、可能性や潜在性であって、諸物の肉なのである。[19]

このように、〈可視性〉を「肉」として性格づけることは――それぞれの時代が持つ――ヴィジョンの一般概念に向かうことであり、そこからわれわれの今日の「人間と〈存在〉の関係」[20]を説明しようと試みることである。つまり、これらの探求や理解や形成が、当然ながら個人の問題にはとどまらないという視点を明らかにするのだ。

以上が、ヴィジョンというものを真面目にとらえ、それを問い正すときに導かれる途方もない結論である。［……］確かに、われわれはこれらの結論について十分に検討したわけではない。この素案が重きを置いているのは、本来の意味での問いが近づきうる未知の領域を垣間見させることだけである。[21]

すでに言及した「イコン的転回」が可能なかぎり探求し、理解し、定式化しようと試みたのも、ここでメルロ＝ポンティが述べているような「途方もない結論」にほかならず、この結論を「言語の型という命題論理[22]」に還元しようとする欲望に抗うことであったと考えられる。つまり、一九九〇年代の「イコン的転回」とは、メルロ＝ポンティ自身も晩年の著書で上のような結論を導くために用いざるをえなかったイコン的転回を確認させるものでしかなく、それを踏襲するものでしかない[23]。さらには、W・J・T・ミッチェル[一]が辿り着いた「画像がじっさいに望んでいることは何か[24]」という問いも、この「途方もない結論」の延長にしか投げかけられないのではないだろうか。事実、ミッチェルはこの論文のなかで、私が最初に引用した「ナルシシズムの第二の、しかもより深い意味」――見える存在のナルシシズム――に基づいて、画像が「たんに表面を示すのではなく、見つめる者が面と向かう顔〔*face*〕を示す[25]」と書くに至った。ここでは先ほどと同様に、われわれが「見えるもの」に属していることを暴くまなざしの「反転〔inversion〕」のみならず、見えるものと見る者との類縁性がみられる。さらにこの反転という指示対象[26]は、見えるものと見る者が出会う前の、そもそも両者の役割が確定していない次元の出会いを想定することでしか考察しえない対象である。メルロ゠ポンティが画家について述べたように、このような関係性によって「画家と見えるものとの間で、避けようもなく役割が反転する[27]」。さらに言うならば、そのような関係性においてこそ諸々の画像は欲望によって息づくのである。こうして私たちは、画像「にしたがって」あるいは画像「とともに」見るという表現に――おそらく、これらの存在論的な含意の重みをより良く認める形で――再び導かれる。そして、もし「ヴィジョンの相互性が示す複合的な領域は、社会的現実のたんなる二次的な結果ではなく、それを能動的に構成している[28]」のだとしたら、これまで相互性よりも区別と対立を重視し続けてきた哲学の伝統に疑問を投げかける必要が一層強まるであろう。

その上、哲学と今日の画像の位置づけとの間の根源的な問いかけについては――この問題に取り組む同志の一人である――ジョルジュ・ディディ＝ユベルマン[二]の著書を読み直す必要があると思う。彼はベンヤミンのアウラの概念に対してなされることの多い美学的解釈について次のように書いている。

> 以上の記述から分かるように、通常の美学的立場がアウラの問題を論じる場合、ベンヤミンの言う意味での「根源〔origine〕」とヴァールブルク[三]の言う意味での「残存〔survivance〕」を説明できる時間のモデルが欠如している。要するに、歴史の文化的事実ではなく記憶の出来事を説明できるモデルがないのだ。[29]

これからじっくりと考えてゆきたいのは――この概要のような――メルロ＝ポンティが晩年の著書で取り上げたヴィジョンと見えるものの相互歳差〔*précession réciproque*〕[四]に関する命題である。見ることを検討する際の「途方もない結論」を真摯に追求するこのパラドクシカルな命題は、ディディ＝ユベルマンが言及した「時間のモデル」の深化に決定的な影響を与えているように思われる。その点からも私たちは、この命題によって今日現前〔*présence*〕する画像の問題をより深く理解できるだろう。じっさい、メルロ゠ポンティ自身が『眼と精神』のなかで絵画について強調したのも、まさにこの問題であったことが認められる。彼によれば、絵画は「あらゆるカテゴリーを巻き込み」[30]、そのなかで哲学とは何かも問い直される。

メルロ゠ポンティの挑戦はこのようなスケールに及ぶのであり、私たちはそれを受け継いでゆかねばならないのだ。

# 第一章
# 肉
## ——誤解の成り立ち

## メルロ＝ポンティ——肉としての〈自然〉

西洋思想史において「肉」の概念は大昔から存在するが、最近現れた概念でもある。「肉」は、われわれの身体と〈自然〉との伝達可能性を示すために、とりわけ二十世紀に著しく用いられるようになり、デカルト主義が還元しようとした客観性から両者を共に救い出そうとしている。より正確に言うならば、この概念が二十世紀に頻繁に用いられるようになったのは、身体と〈自然〉、すなわちフッサール[一]がライプ〔*Leib*〕——知覚と運動の経験上の一致[1]——として考察した身体と、メルロ＝ポンティがフッサールに応えて「目の前にはっきりと存在せず、われわれと対峙しないが、われわれを孕むような大地[2]」であるがゆえに「謎めいた客体、完全に客体化していない客体」とみなした〈自然〉との間の伝達可能性に名づけるためだったのだろう。このことは、未完となった『見えるものと見えないもの』の草稿に続いてまとめられた最後の研究ノートにおける効果的で簡潔な表現、「人間の裏面としての自然（肉としての――決して〈物質〉としてではなく[3]」からもうかがえる。

「肉」の概念の哲学的な価値を二十世紀に初めて明確に定義したのは、言うまでもなくメルロ＝ポンティである。彼は「いかなる哲学のうちにも名を持たない[4]」存在の類を指し示すために「肉」の概念を用いたと述べている。その存在の類とは、物質でも精神でも実体でもない共通の織地であって[5]、そこではむしろそれぞれの身体と物は他の身体と物との差異でしかない。要するに、彼にとって「肉」という概念は、あらゆる現象としての存在が属する共通の領野なのだ。その意味で「肉」の概念は、キリスト教に特有の受容よりもはるか昔に登場したと考えられる。メルロ＝ポンティはじっさいに、「肉[6]」という語をソクラテス以前の「元素《エレメント》」という語によって定義したが、同様に「万物が同時であるような世界〔ὁμοῦ ἦν πάντα〕」も[7]、文字どおり「すべてが共にあった」というソクラテス以前の表現であり、アリストテレスがアナクサゴラス[二]から受け取った意味と同じである。しかしながらメルロ＝ポンティは意味深長に、この表現を源初〔*origine*〕とはみなさず、それが予言するものが「何もわれわれの背後にあるとは限らない」[8]ような永遠に炸裂し続ける「生来のもの〔originaire〕」として予想した。[9] じっさいに、「感じるものの存在論の復権」[10]を求める可逆現象——たとえそれが「今にも起こりそうだが、決して実現しない可逆性」[11]のことであっても——と出会うには、メルロ＝ポンティが言及したフッサールの『イデーンⅡ』三六節の、触れられた手が触れる側になる経験をあらためて考えるだけで十分であろう。それはつまり、感じると同時に感じられるものでもある私たちの身体は、肉として感じる世界と続いているがゆえに、感じられる世界にも同等の存在論的位置づけが認められるべきなのだ。

## フッサールと地球と肉

メルロ＝ポンティは、なによりもフッサールが一九三四年に残した手稿[三]のおかげで〈感じるもの〉の存在論的な復権についてもっとも確信にみちた結果を導くことができた。彼はこの手稿をフッサール文庫で——ルーヴァンで初めての外国人研究者として——一九三九年にはすでに閲読していた。「コペルニクス説の転覆」〔*Umsturz der kopernikanischen Lehre*〕という原題で知られるその手稿を、ディディエ・フランク(四)は「原初の方舟である地球は動かない」〔*L'arche-originaire Terre ne se meut pas*〕(12)と仏訳している。

メルロ＝ポンティが晩年にコレージュ・ド・フランスで行った講義の要録から一九五九—六〇年の発言をひもとくと、「われわれはこの省察によって、彼〔コペルニクス的人間〕がその観念を失ってしまっているような存在様式、すなわち〈地盤〔*Boden*〕〉の存在、とりわけ地球の存在を学び直さなくてはならない(13)」と書いてある。つまり、この存在様式こそ、先ほどの定義から私たちが理解したような〈自然〉を——まさに「われわれの地盤」として——思い出すことによってメルロ＝ポンティが目指したものであった。

彼の主張によれば、この存在様式から次のことが明らかになる。

大地の存在と私の生ま身〔*Leib*〕の存在には類縁性があるが、それは私の身体の存在がつねに私から同じ距離を保っているから動くと言うわけにはいかないような類縁性である。

それは私にとって「別の身体」として現れる他者たちや、私の身体性の変異体《ヴァリアント》とみなされる動物たち、さらには地上の物自体にも及ぶ。なぜなら、われわれは石が「飛ぶ」と言うことで、生き物の社会に物を招き入れたりもするからだ。(14)

これらの見解から、メルロ＝ポンティは感じるものと感じられるものとが同じ一つの「肉」に共－属しており、われわれの身体と他者の身体と世界の物とを織り合わせて、主体と客体が形成される以前の〈生《なま》の存在〉や〈野生の〉地平がそれらを包んでいるという考えに行き着く。この領野では、知覚することが知覚された存在と区別されず、つねに想像的なものと絡み合う。つまり、それは不在の現前を見いだすわれわれの能力と絡み合うのだが、この能力は見ることの偏在〔*ubiquité*〕によって裏づけられる。

私はペテルブルクのベッドのなかにいるが、この眼はパリで太陽を見つめている。(15)

まさにこの「感じるものの肉」――われわれがそこに含まれ、そのなかで相互に含み合っている――によって、われわれの経験の一つ一つを伝え合い、分かち合うことが可能となるのだ。まさにフッサールが、われわれの地盤としての地球とは、厳密に言って、静止しているわけでも動いているわけでもなく、それらの手前に、互いを可能にする条件としてとどまっていると示唆したように、[16]肉もあらゆる経験における伝達可能性の条件、すなわちじっさいに行われる伝達と非‐伝達の手前に現れる。この意味からも「感じるものの肉」は、歴史の肉、言語の肉、そして観念性の肉にもおよぶのだ。事実、観念性自体が、肉としての現れや、それを生じさせる世界像の肉と分かちえないものとして示される。なぜなら、この観念性は、そこには収まりきらない世界像からなり、まさにその像の現れを通して本性を示すからである。それは、まさにメルロ＝ポンティが『眼と精神』に書いたように、「私が水の厚みを通してプールの底のタイルを見るとき、私は水や反射する光にさえぎられながらタイルを見るわけではなく、まさにそれらを通して、それらによって見る[17]」のである。このようにして、出現することに続いて生成することに注目することで存在を回復させようという現象学の計画的意図が再開された。それは、フッサールが「原初の方舟である地球は動かない」のなかできわめて的確に論じたように、これらのパラドクシカルな特性を理解することで可能となる。

メルロ＝ポンティは、彼がフッサールの思考の「影」と呼ぶもの、思考がその周りに投映する「思考されないもの〔impensé〕」が示す方向で世界との関係性を考えることで「肉」の概念に至るのである。一方でまた、彼はフッサールが考えた経験の重層化——真理は深さに直接比例する——という観念には、形而上学を守る側と越える側の関係をたんに反転するだけという恐れがあると指摘している。彼が「もつれたもの」——それこそ肉である——を「解きほぐし、解明する」というフッサールの意図を批判しているのもそのためである。彼は「(私の身体－感じるもの)の円環が示す関係性には、〈層〉や線形秩序が示す関係のような難しさはない[18]」という自身の立場を強調している。メルロ＝ポンティは晩年に、この円環にしたがって身体から肉を、肉から身体を考察したのだが、このことは、なによりも彼が肉を可視性と性格づけた箇所からも明らかである。

## フランクとナンシーとデリダ――身体と肉

ディディエ・フランクはメルロ＝ポンティが開いた思考の方向に進み、一九八〇年代にドイツ語の *Leib* の訳語を *chair* というフランス語にしようと提案して、初期にはフッサールの現象学を参照し[19]、やがて「肉の問題」を「形而上学の終焉」に結びつけるにいたった[20]。

その著書のなかで、フランクは生ま身〔*Leib*〕の概念を、その訳語として伝統的に用いられてきた「固有の身体〔corps propre〕」という現象学用語ではなく、もっぱら「肉〔chair〕」として思考しようとしている。

このような展開を考慮に入れた場合、ジャン＝リュック・ナンシー[五]が『コルプス』〔*Corpus*〕と題した著書のなかで「〈固有の身体〉の哲学[21]」の例として、「われわれが肉と呼ぶものは〔……〕、いかなる哲学のうちにも名を持たない[22]」というまさしくメルロ＝ポンティが告げた一節を挙げている点は独特である。つまり、ナンシーによれば、この一節にみられる急進的な意図は、むしろ「〈固有の身体〉の哲学」の不完全さを示唆するのである。ナンシーが試みたこの独特な関係づけは、ジャック・デリダ[六]がナンシーに捧げた著書でも取り上げられている[23]。デリダはそのなかで、ナンシーが右のように、メルロ＝ポンティの一節をそのまま引用するかわりに「距離を置いて[24]」取り上げていると指摘した。続けてデリダは、この一節に対するナンシーの姿勢を暗黙の「告発[25]」という表現で解釈している。

いずれにせよ、ナンシーやデリダやこれから見ていくミシェル・アンリ[七]の考察からも分かるように、「肉」の概念は、メルロ＝ポンティ派やフランスや現象学の領域を超えた哲学議論の中心で再び影響力を取り戻している。

本書でもこのような議論が投げかけるいくつかの見地に問いかけて、それらの政治的・美学的な含意を明るみに出して検討することを目指したい。政治的・美学的な含意が後にしか明らかにならないからといって、われわれが従来の形而上学的思考法――すなわち、ある哲学が独自の政治と美学を作り出すと考え、あたかも前者が後者を正当化し、後者が前者の結果であるかのようにとらえる手法――を共有していると結論づけてはならない。一つの哲学的命題にみられる政治的・美学的な含意に出会うことは、その命題の核心のみならず、むしろ哲学の核心そのものに触れることだからだ。存在論と一体化したこの核心は「共‐存在の実践、そして経験[26]」として現れるがゆえに問題にすべきなのである。

すでに示唆したように、ジャン゠リュック・ナンシーは『コルプス』のなかで「固有の身体」という概念について、それが「〈所有性〉そのもの、身体において〈共自存在〔l'Être-à-Soi〕〉」に避けようもなく送り返されるようにみえるが――それに反する形で――「いつも、異質な身体が、飲み込むことのできない怪物として即座に現れる[27]」と述べている。さらに――ディディエ・フランクがすでに投げかけたように「私の肉の限界は、（私の）固有の身体の限界なのだろうか[28]」という問いがある。それについては、メルロ゠ポンティも引用したベルクソンの言葉を使えば、むしろ「われわれの知覚が及ぶところまで、つまり星まで[29]」拡がるのではないだろうか[30]。

まさにデリダはこれらの問いかけを手がかりに、『触覚、――ジャン゠リュック・ナンシーに触れる』のなかで、ディディエ・フランクの「〈固有の身体〉のかわりに〈肉〉を使うこと」に同意して、「〈肉〉は拭いがたい含意をもたらすリスクがあるけれども〔……〕、それでこそ〈キリスト教的身体〉の問題がたえず起こるのだ[31]」と述べている。

とはいえデリダは、フッサールとハイデガーが物を表象したり置き換えたりすることができない関係性を説明するためにしばしば用いた生ま身〔*leibhaftig*〕という語について、肉には「漠然と慣例的に隠喩を示してきた[32]」用法を越えるいかなる意味も与えようとしてはならないと考えている。一方、メルロ゠ポンティは「知覚された物が〈そのものとして〉または〈その肉のなかで〉とらえられると言うとき、これを文字どおりに受け取る必要がある。感じるものの肉は、［……］私自身の受肉を反映しており、その受肉に対応するものなのだ[33]」とはっきり記している。

このようにデリダの観方は、「本質的に肉がなく、自己とは無関係か接触することのない〈物〉と〈本質〉と経験様式に肉を与えようとする[34]」傾向をしりぞけている。いわば、デリダにおいては、自己愛だけが生ま身であること〔*Leiblichkeit*〕を証明するのだ。メルロ゠ポンティが「原初の方舟である地球は動かない」に対して述べた言葉を振り返るならば、「私の身体〔*Leib*〕という存在から［……］〈他の身体〉として現れる他者や、私の身体性の異文《ヴァリアント》として理解する動物たち」にも及ぶ「類縁性[35]」について語る必要が生ずるが、この類縁性は「地上の物体そのもの」には及ばない――そのもっとも良い例が石なのだ。

## アンリと肉と地のちり

デリダの著書に通底する思考法と、その数カ月後にミシェル・アンリが上梓した『受肉――〈肉〉の哲学(36)』という本がかかげた前提との間には数々の類似があり、この「肉の哲学」という表現も明らかにキリスト教から着想を得たものである。

じっさい、アンリは「序章」一頁目から「人間以外の生き物」を自身の探求から除くつもりであると宣言するのだが、その理由を「われわれが知らないものよりも知っているものについて語る［……］方法を選んだこと(37)」にあるとしている。しかし二頁目では、「肉」を際立たせる特性は自己愛であるとはっきり書かれている。

われわれがいま区別したばかりの二つのコール〔corps〕。その一つは、自分自身を知ると同時に、自分を取り巻くものを感じる身体《コール》であり、もう一つは、それが路上の石であれ、それを構成するとされる原子物理学の素粒子であれ――宇宙の惰性的な物体《コール》である。今からこれを適切な語で確定する。われわれは前者を肉と呼び、コールという語は後者に取っておく。[38]

こう定めることによって、対立の言葉遣いでは上手く述べられなかった差異を言い表せるようになる。

肉は、物体にはないすべてのものから定義されるのだから、物体とは混同されえず、むしろ、こう言いうるなら、肉と物体は正反対である。肉と物体は、感じることと感じないこと――一方では自己を楽しむもの、他方では盲目的、不透明、惰性的な物質――として対立する。[39]

もしアンリの考えが、「肉」と「物体」という二つの言葉を分け隔てる「深淵[40]」を指摘しているとすれば（前者は非概念的ではあるが「絶対的で不断の知[41]」によって得られる言葉であり、後者はわれわれを「完全な無知[42]」のままにする言葉である）、この主張は「肉の解明[43]」という主題を「キリスト教の意味での受肉[44]」という主題、あるいは、さらに先の頁でより明確にしているように、ヨハネの意味での受肉に結びつけようとするアンリの意図の反映であろう[45]。アンリはじっさいに『キリストの肉体について』のなかで、テルトゥリアヌス[八]がキリストと人間が共有する肉を「地のちり」に結びつけており、聖書（「創世記」二章七節）にみられるように、神はそこから人間を造ったと説明している[46]（そこでは、明らかに神話的な方法で、われわれの肉、大地の存在、そして他の身体の存在にみられる「類縁性」を可能とする条件が示される[47]）。しかし、ミシェル・アンリは「地のちりには物体だけがあり、いかなる肉もない[48]」と書くことで、肉と地のちりとの結びつきではなく、ヨハネ福音書の序文第十四節にみられる「そして〈言《ことば》〉は肉体となり」〔Καὶ ὁ λόγος σὰρξ ἐγένετο〕という結びつきの方を選んでいる。アンリの解釈によれば、キリストと人間に共通する要素としての肉は、地のちりよりも〈言〉に由来することから、すでに見たように肉とは「物質的本性を持つ惰性的な物体[49]」とも、「人間以外の生き物」とも照応しないのだ。

ここまで検討してきた内容と向き合い、それらが含む意味を解き明かすのに、とくに重要と考えられるのが、先ほどの結びつきに関してアンリが示した結論、つまり〈言〉から生じた肉が「地盤を掘っても見い出されたことのない生きた痕跡」[50]でなければ、それを区別したり分割したりするのは不可能ということである。普通、肉と言えば「いつも誰かの肉、たとえば自分の肉であるがゆえに、そこに「私〔*moi*〕」を有している」[51]。つまり、ヨハネの福音書の「序文」で〈言葉〉が「〈生〉の〈言〉」として特徴づけられているのであれば、それはアンリによれば「ショーペンハウアー[九]による生を欲すること〔**vouloir-vivre**〕であれ、フロイトの欲動〔**pulsion**〕であれ、現代の思考において普遍的な非人称性や盲目性[52]」と同一視することはできない。アンリが現象学によってヨハネの思想とはまったく相容れない「ギリシア的」思考法に根づいた前提を「反転」し、そこに「世界と〈存在〉の現象学」を構築しようと試みたのもそのためと考えられる。このようにして現象学は、肉と言葉を表現手段とするような〈生〉をその絶対性において啓示する学問と化すのだ[53]。ミシェル・アンリの著書が目指したのは、このような方向性である。

## ナンシーと肉と石

メルロ＝ポンティが「原初の方舟である地球は動かない」について明言した内容とは反対に、デリダとアンリは各々の観点から、石が「飛ぶ」ことを支持していない。これまでに取り上げた著者たちが考察した世界を厳密にとらえるためには、ナンシーが書いた明らかに『コルプス』を想起させる文章の一つが役に立つだろう。そこでナンシーは、石が大地に「触れる」ことはトカゲが石に触れることとはまったく異なり、他者の頭に置かれたわれわれの手の触覚とは一層異なるという理由から[54]、ハイデガーが述べた有名な言葉「石には世界がない[55]」について「ハイデガーの〈石〉は、たんなる抽象にとどまっている[56]」と指摘する。なぜなら、じっさいに石が大地に触れていれば「場の差異——つまり、互いが侵食し合わないばらばらな場——が存在するはずだからだ。〈主体〉も〈客体〉もなく、互いに隔たった複数の場、可能な世界、既にある世界[57]」。ナンシーは、まさにわれわれの生ま身〔*Leib*〕における類縁性の限界という問題（先ほど別の形で述べたような、経験という伝達を可能たらしめる条件）に答えるために、少し先の頁でこう明言している。

> 私は石自体に〈理解〉のようなものがあると示唆しているのだろうか。いや、ここにはいかなるアニミズムも汎心論もない。石に内面性を与えることが問題ではないのだ。だが、石の浸透しえぬ硬さという密度（それ自体が浸透しえない）は隔たりによってしか特定〔définit〕されず（その特性は、まさしく自らを分－定〔dé-finit〕する）、ここにある石の存在から離れること、差異によってしか特定されない〔……〕。そこで、アニミズムではなく、むしろその正反対の「自然の〔……〕量子力学的哲学」について考えなくてはならないのだ。〔……〕コルプスとは身体のすべてであり、それぞれが互いを超えて感覚の無機的な身体を形作ることである。[58]

メルロ＝ポンティも上の見解と似た方向に進んでゆくようにみえる。彼によれば、私の両手の触れ合いと、片手と物との触れ合いとが類縁性を持つのは、先ほど述べたとおり「今にも起こりそうだが、決して実現しない」ままの可逆性によっており、こうして隔たりが示す差異化（と意味作用）の力を顕揚しているのである。ついでながら、メルロ＝ポンティが書いた一節は、まさに「量子力学の哲学的意味[59]」に応じて思考する範囲で科学に肉の根を下ろすことを引き受けているのだ。これらの点からも、メルロ＝ポンティとナンシーの思考は、共にわれわれが生きているのと同じ世界に石も含まれていることを認める方向で一致するように見える。[60]デリダの方はすでに述べた理由から、メルロ＝ポンティ晩年の哲学に対する率直な批判を通して「肉の〈世界化[61]〉」という仮説に反論している。その上でデリダは、現れを存在に回復させるという現象学の計画的意図を守りうるのか否かをわれわれが自問する必要性を訴えて、この意図を（少なくとも彼自身は）望まない存在論的意味づけから遠ざけようとするのだ。

## メルロ＝ポンティとフロイト主義と肉

ここでは一つの例として、メルロ＝ポンティ晩年の思考が精神分析に呈した、まさに「存在論的」な解釈に問いかけていきたい。メルロ゠ポンティにとってこの解釈は、精神分析を科学者的な因果論（彼はそれを主にフロイト学派の発言に嗅ぎ取る）から救い出すとともに、精神分析に割り当てられた「人間学的[62]」な限界や、メルロ゠ポンティのフッサール批判で触れた重層化[63]の観念からも救い出すことを意味している。『見えるものと見えないもの』の研究ノートでは、「実存的な精神分析ではなく、存在論的な精神分析を形成すること[64]」と、はっきり述べられており、ノートのタイトルも、「フロイト主義の哲学」を浮かび出させるために「身体と肉」という対概念を「エロス」の概念と意味深長に近づけたものである[65]。

この研究ノートは、フロイトが「幼少期の感動〔*Kindheitseindrücken*〕と芸術家の生涯との関係、その興奮に反応するものとしての作品[66]」とした因果論的な解釈を繰り返し批判することから始まっている。ここに挙げる例は、その一節である。

> フロイト主義の表層的な解釈――彼が彫刻家である理由を、彼が肛門的であること、糞便が粘土に似ていてこね合わせられる、等々とする解釈である。だが、糞便は原因ではない。もしそうならば、人はすべて彫刻家になるだろう〔……〕。糞便がある性格（嫌悪感）を

抱かせるのは、主体がそのなかに存在の一次元を見出すような仕方でそれらを生きる場合だけである。[67]

晩年のメルロ＝ポンティの思考を特徴づけるこの最後の表現が示すのは、「次元」という語をエレメント——先ほど言及したソクラテス以前のエレメントであると同時に、メルロ＝ポンティ自身が特定しているようにバシュラール[一〇]が言うような意味でのエレメント——として理解する必要性である。[68] このエレメントは、「主体」[69] と存在との関係を、関係の進展に沿った新たな意味づけをとおして定義し続けるのだ。

再び研究ノートをみると、次のように続いている。「言いかえれば、肛門的であることは何も説明していない。なぜなら、肛門的な存在であるためには、存在論的包容力（＝ある存在を〈存在〉の代表としてとらえる包容力）が必要だからである」[70]。メルロ＝ポンティが「存在論的包容力」と称したものは（研究ノートの少し後に例示される「海」のように）、何らかの存在に「個体ではなく〈エレメント〉[71]」の性質を与えられる可能性にあり、それを通して「〈存在〉への口が開かれる」と説明される。[72]

しかしながら、他者の身体とわれわれとの類縁性が、デリダが言うように自己愛が可能な他者の身体に限られるとすると、この包容力は明らかに否定される。ただし、研究ノートのタイトルに相応しい形で用いられたエロスは物にも確実に与えられるものであり、フェティシズム現象[二二]はその証拠である。同じくこれらの「理想」——デリダが物に対してと同様に、そこにいかなる肉の内実も認めなかった本質——の成り立ちも、フロイトによればフェティシュの成り立ちと似ている。

これと同じ文脈から、人間がもっとも好む理想という対象は、人間がもっとも嫌う対象と同じ知覚や経験に由来するということ、そして両者がごく僅かな変化はあるものの、そもそもは違わないということも理解される。フェティッシュの発生についてすでに見たように、根源的な欲動代理〔représentance de pulsion〕は二片に分割しており、その片方は抑圧に屈するが、他はまさにこうした内密の連関によって理想化の運命を辿るのであろう[73]。

## 肉と石と政治

しかしながら、私たちが物にも生ま身〔*Leib*〕との類縁性を認めることは、それらの物質的身体〔*Körper*〕としての存在を無化する（あるいは、少なくとも無化しかねない）のではないだろうか。この問いに対する答えとなる要素は、やはり「原初の方舟である地球は動かない」に見られる。そこでフッサールは次のような仮説を立てている。

> 私と私たちは飛ぶこと［ができ］、身体‐地という二つの地球を［持ち］、いつでもその一方から他方に飛び移ることができるだろう。まさしくそのような仕方で、一方は他方の身体となり、それは地となるだろう。だが、二つの地球とはいったい何を意味するのか。それは一つの人類を持った一つの地球の二つの断面《フラグメント》である。これら二つの断面は一つの地に集まり、各々が同時に他方の身体となるであろう。[74]

こうして生ま身〔*Leib*〕の地平に物質的身体〔*Körper*〕が含み込まれることで物質的な身体であること〔*Körperlichkeit*〕が消えるわけではなく、むしろ両存在の間に「今にも起こりそうだが、決して実現しない」可逆性が現れるのである。

この点をさらに深く考えてみると、先ほどの疑問のもととなる懸念が現れ、それがメルロ＝ポンティ晩年の哲学に繰り返し投げられた反論にも現れている。サルトル[一二]は次のような不満を述べている。

> メルロ＝ポンティには、それぞれの否定《ノン》が肯定《ウイ》に転換し、肯定《ウイ》が否定《ノン》に転換するのを見とどける習慣がある。晩年の彼は、このような環探しゲームを巧みに用いることで、これを真の方法としたのだ。[75]

ジャン＝フランソワ・リオタール[一三]も独自の方法でこの〈もつれ〉に言及し、メルロ＝ポンティが「調和」のために「不調和」を無視する傾向に着目している。[76]この見解には明らかに政治的な含みがある。そのことについてサルトルも、「彼［＝メルロ＝ポンティ］において「相反する真実」は決して衝突しない。つまり、運動を妨げたり分裂を引き起こすリスクはないのだ。そもそも、これらは相反する概念と言えるのだろうか[77]」と書いている。このようにメルロ＝ポンティは晩年に、諸々の矛盾を矛盾そのものとして思考不可能とみなしたため、その気休めとも言える結論に向かっていった。

それとは反対に、ジャン＝リュック・ナンシーが自らの心臓移植の経験を考察した著書では、「調和」のために「不調和」をないがしろにはしないという明らかに政治的な意向がうかがえる。彼はその本を書くきっかけとなった考えについて、次のように語っている。

> 雑誌から「よそ者の到来」というテーマの原稿を依頼された。どうすべきか分からなかったが、一つだけ考えが浮かんだ。（親近性や友愛などにすべてを再び吸収するかわりに）よそ者の異質性を強調すること。[78]

これまで取り上げてきた問題に照らしてとくに意味深いのは、このような責務を負う論が

「侵入者とは私自身であり、人間そのものにほかならない。磨き上げられると同時に枯渇させられ、剝き出しになるとともに過剰に与えられ、たえず変化しながらも同じものであり、世界への侵入者であるとともに自己自身への侵入者でもある」(79)という結論に至ることである。

この責務と結論の間で、一体何が明らかになるのだろう。ナンシーは、これらのほぼ中間にとどまりながら自身の心臓移植の経験を詳述しており、そこから内と外との関係——同様に、親密な者〔*intime*〕とよそ者〔*étranger*〕との関係——メルロ＝ポンティにならえば、交叉配列的《キアスマティック》と意味深く定義されるような関係性——が明らかになる有り様を描いている。「私の心臓が私にとってのよそ者になろうとしていた。それは内部にあったからこそ、よそ者である。よそ者であるというのは、まず内部に現れたのでなければ、外から来たことにはならない」(80)。

まさにこの交叉配列《キアスム》によってナンシーのテクストは、侵入者に回復不可能なところまで侵入された存在を強調する使命を負い、侵入者が「私自身以外の何者でもなく」つねにすでに内部に現れていると主張するに至ったのだろう。

こういう結論を気休めと言うことができようか。答えは否である。なぜなら、私の肉の肉としてのよそ者とは、要するに私の兄なのであり、私の兄はカインでもありうるからだ。ゆえに私自身カインとなりうるだろう。肉はこれらすべての可能性として、「今にも起こりそうだが、決して実現しない可逆性」の条件として、あらゆる可能な倫理とあらゆる可能な政治を作り上げる。これは、肉がある一つの定まった倫理や政治を作ることを意味してはおらず、「前 - 倫理的」あるいは「前 - 政治的」次元とみなされるものでもなく、なによりも私たちの「共存在[81]」の地平を作り上げることを意味している。

このような結論を、生ま身〔*Leib*〕のなかで物質的身体〔*Körper*〕が無化される危惧を問題とする先ほどの理論に重ね合わせてみると、石はもちろん肉の地平のなかに位置しており、まさにそれゆえに、私たちがそのなかで石と出会うかもしれないので注意が必要だと指摘されていることが分かる。肉と石、よそ者と近親者、兄と侵入者との間に絶対的な隔たりを主張することは、例えば自分の家族を皆殺しにした娘は家族の一員ではないと考えることが気休めとなるようなものである。じっさいに隔たりのない可逆性を考えること、つまりそれが関連する諸要素の調和的融 - 合としての可逆性を実現すること自体が気休めでしかないのだ。これらの考えとは、隔たりを亀裂とみなすことであって、諸要素の様々な――相異なる――可能性を共に開いていく代わりに、それらの要素の絶対的な区別と相互排除に行きつくであろう。このような傾向からも、人間の肉をキリスト教的な意味での受肉と結びつけて根本的な独自性を示そうとする方向性は、西洋で歴史的に築き上げられてきた人間自身の地位に対しても、主観化〔subjectivation〕と従属〔assujetissement〕という近代的戦略をあらためて強いる危険を冒すことになる。

## 世界化と「仮想《ヴァーチャル》領域」と肉の意味論

私が展開してきた論と同じ考えを示すロベルト・エスポジト[一四]の重要な主張をみてゆきたい。彼はナンシーとメルロ＝ポンティ[82]を独自に結びつけた上で「哲学には、関係の、関係のなかの、関係のための哲学しか存在しない。世界の肉と共振するのもそこである」[83]という見解を強調している。これは明らかにデリダが目指す方向性ではなく、「肉の〈世界化〉」の拒否とも逆の方向性である。

この見解が示しているのは、エスポジトの主張がメルロ＝ポンティ的な主題を持つ点にとどまらない。世界化〔*mondialisation*〕には、現在進行している経済的・文化的な「グローバリゼーション」という意味もあるからだ。

「グローバリゼーション」の進行と肉の思考との出会いは、どのような共振を生み出すのだろうか。その一例が、私が先に肉の概念として定義した差異の織地である。『見えるものと見えないもの』の研究ノートのなかでメルロ＝ポンティが「交叉配列《キアスム》――可逆性」と意味深く題した結論部分で次のように自問自答している。「同じものと他なるものの問題に対してどのように答えれば良いのか。それは、同じものは他のもの以外のものであり、同一性は差異の差異であるということなのだ(84)」。つまり、私を規定しているアイデンティティとは、他の人々を構成している様々な差異から自らを異化して認識することである。たとえば、私がフランス人との差異から自己を認識するとイタリア人になるが、それがアメリカ人との差異である場合は――先ほどと同じアイデンティティを即座にフランス人にも与えて、そのフランス人を差異よりも類似性を備える者とみなして――西洋人と認識するであろう。いずれにしろ明らかなのは、これらがベルリンの壁の崩壊以後の電子取引の開始が表明した世界化のような時代には限定されないということだ。なぜなら、三十年前にイタリアの南部から北部に移住した家族の息子が同じような経験をしているからである。彼は「北部の人間」が父と同郷の人々を批判しているのを聞いたときほど自分が南の人間であると感じ取ったことはなかったし、父の故郷にいる家族をたずねたときほど自分が北の人間であると感じたことはなかった。

これらの例が示すように、肉の概念にかかわる語を色々と用いて考えを進めても、一挙にアイデンティティが定まるわけでは決してない。それは他者における差異に出会うたびに明らかになっていくのである。それゆえアイデンティティとは、他者同士の差異からそれぞれが差異化される運動、更新され続ける運動のなかで明らかになるような仮想の中心として現れるのだ。

このように、世界化[85]という現状の形式によって、諸々の変化は目がくらむほど加速しているが、それはまぎれもなく肉が成り立ちからして「世界的〔mondiale〕」であることを裏づける。

ロベルト・エスポジトはジャン゠リュック・ナンシーと「来るべき哲学についての対話」を行った際に、ここで見たような思考の方向性を打ち出し、明らかにした[86]。私は先ほど「固有の身体」という概念に対するエスポジトの批判を取り上げたが、この対話のなかでナンシーは、肉よりも身体の思考を好む立場で「肉という分厚い語とは違って、身体は軽い言葉です[87]」と述べている。エスポジトはこの根拠と向き合うことで、ナンシーの考えに反論をしているのだが、以下に挙げるのはその骨子である。

それとは逆に、変異や混淆といった原理は「肉」の意味論を喚起するように思われます。それは、まさに身体を開くこと、身体の包み込み、身体の「共通」存在なのです。[……]身体が内側に送り返されるように肉は外側に送り返されます。メルロ＝ポンティが彼なりの手法で直観したように、身体はもはやたんなる身体ではなく、その裏面でもあり、その底が抜けた点であり線なのです。[……]来るべき哲学が成し遂げるべき課題とは、まず第一に「大地」、「身体」、「特権」という言葉を「世界」、「肉」、「共有」に置き換えることなのです。(88)

また、ピエトロ・モンターニ(一五)もこの考え方——「肉」の意味論——を踏襲しており、それを美学の領域で独自の方法で発展させた。彼はこの考え方が「映像に重要な影響(89)」を与えると強調しているが、それは今日変化し続けているテクノロジーとも当然関わっている。

したがって、このように振り返ってみると、メルロ＝ポンティの肉の意味論が動機になって『仮想の美学』という本が書かれ、そこでは「映像としての身体を取り上げ、人間の器官ではない人工の装具によって重くも軽くもなるわれわれの身体とその映像との相互作用を論じている[90]」ことはさして不思議ではない。その本の作者ロベルト・ディオダート[一六]は、じっさいに「世界の肉」という概念は「仮想領域を的確に表現している[91]」とした上で、「その対象が関係の様式である仮想領域とは、それ自体が相関関係の構造、あるいは可逆的出来事として理解される身体という関係性の網状組織である[92]」と説明している。

デジタル革命であれ世界化であれ、私たちがメルロ＝ポンティの肉の意味論を通して考えたり名づけたりするのも、つねにこのような差異の関係が織り上げる生地である。肉の意味論によって、私たちは政治学から美学を切り離して考えることを思いとどまるのだ。

# 第二章

# 野生になるには長い時間がかかる

## ——メルロ＝ポンティによるゴーガン、ゴーガンによるメルロ＝ポンティ(一)

## それは一体どんな肉？——メルロ＝ポンティ対デリダ

メルロ＝ポンティは、未完の書である『世界の散文』[1]の最終章として残される予定だった章の冒頭で次のように念を押している。「われわれの時代は、遠回しで暗示的なすべての表現形式、したがって、まず絵画表現、なかでも〈未開人《プリミティフ》〉の芸術、子供や精神病者の描画を特権視してきた。［……］だが［……］野生的表現へのそうした依拠は、美術館の芸術に逆らうためになされているわけではない[2]」。

この章が突如中断される少し前に、メルロ＝ポンティは次のように性格づけられた絵画表現に立ち戻っている。「近代絵画の対象は〈血を流し〉、それらの実体をわれわれの眼前に顕わにし、視線に直接問いかけることで、われわれが全身体を介して世界と結んだ共存の契約を検証しようとする」[3]。

このように明示された意味からも、メルロ＝ポンティが『見えるものと見えないもの』のなかで、とくにパウル・クレー[二]の追求を通して見出した「同定しうる物も、物の皮膚もないが、物の肉を与える絵画」[4]という傾向を近代絵画全体にあてはめることができるだろう。

要するに、メルロ＝ポンティが見ると近代絵画は肉にかかっている、つまり今述べたばかりの〈物〉（語源的には、われわれと絶対的に向き合う存在を意味する「対象」よりも相応しい語）の肉で、まぎれもなくその肉によってそれぞれの生き物の世界の棲まい方が構成されているのである。

それに加えて、周知のとおりジャック・デリダは自身の著書『触覚、――ジャン＝リュック・ナンシーに触れる』のなかでメルロ＝ポンティの根底にあるフッサールへの背信を多方面から批判したが[5]――一方ではフッサールもメルロ＝ポンティの「世界の肉」[6]の概念を共有することは決してなかっただろうと断言しており、他方では「メルロ＝ポンティ以降みられるようになった、*Leib*〔生ま身〕を *chair*〔肉〕とする多少とも体系的な訳」が「拭いがたい含意」

をもたらすおそれがあると考えて、その危険性を指摘している。

> ［……］そこで、「キリスト教的身体」についての問いが繰り返しなされる。確かに、〈肉〉という語のすべてがキリスト教の意味体系に帰属するわけではなく、そう主張することは無意味というか不用意であろう。しかしながら、この語を使用する人がまったく〈キリスト教徒〉ではなく、肉についての言説をキリスト教の立場に役立たせるつもりはさらさらない場合に、この意味体系に磨きをかけようとしないのもまた不用意であろう[7]。

とりわけ哲学が主調であるこのような議論の範疇で、ポール・ゴーガン[三]の芸術の直感を呼び起こしてみたい。

## 野生の存在

メルロ＝ポンティが〈原始人〉の芸術を近代絵画が特権視する表現形式に加えていたことはすでに述べたが、まさにその意味において、ゴーガンは「近代的原初主義〔primitivisme〕の未開人であり、その元祖かつ萌芽としての人物[8]」とされる。メルロ＝ポンティはゴーガンの絵画探究に関する哲学的考察を集中的に行ったことはないように見受けられる。とはいえ、メルロ＝ポンティとゴーガンは共に「文化」、なによりも西洋の「文化を再創造することを課せられている[9]」今日的な次元での「野生の存在」に関心を抱いているため、両者の言葉はおのずと一致するように思われる。

そこで私は、メルロ＝ポンティが練り上げた「肉」と「野生の存在」の概念から、ゴーガンがポリネシアで深化させた絵画と絵画詩法にせまるつもりである。このような見通しを持つ私の目的とは、一つには、これらの理論的概念がゴーガンの絵画の企てが持つ意味の理解に役立つのか否かを確かめることにあり、そしてまた、これらの概念をゴーガンの絵画に対峙させて概念そのものの射程を見極めることにある。とりわけ先に言及したデリダの判断との関わりから、この点を検証していきたい。

すでに見たように、メルロ＝ポンティは原初的なものを永遠に炸裂する存在としている。彼はその意味において「野生に戻ることが重要なのではない[10]」と述べる。というのも、仮にこれが原点への回帰を意味するのだとすれば、私たちは結局、あらゆる文化の前段階で手つかずのまま残されている経験の確かな層にこだわり、その層を模倣的な仕方で見せることができると期待してしまうからである。メルロ＝ポンティは『見えるものと見えないもの』の研究ノートのなかで、野生の存在をむしろ「知覚される世界[11]」と同定しており、その直前で「知覚される世界」と絵画との関係を次のように記している。

絵画について私が語った「無定形の」知覚世界——絵を描くための尽きせぬ資源——は、いかなる表現様式も含んでいないが、それでいて、あらゆる表現様式を呼び求めるのであり、一人一人の画家とともに繰り返し新たな表現への努力を呼び起こす——この知覚世界こそ［……］あらゆる絵画、あらゆる言葉、あらゆる〈姿勢〉以上のものであり、［……］いつか語られるであろうすべてを含みながらもなお、われわれにそれを創造させようとしていい。[12]

同様に、ゴーガンが追求する野生も、自然との模倣的ではなく創造的な関係にあると思われ、ゴーガン自身が一八八九年にルドン[四]について書いているように[13]、それは自然の「無限の神秘」と「想像力」と「産物」のたえまない変移に通じており、その十年近く後になお主張したような、それらの産物の振動〔vibration〕のなかでこそ、「自然においてもっとも普遍的で、それゆえにもっとも曖昧なもの、その内部の力」が把握できるのだ[14]。これは、ゴーガンが残したあらゆる野生に関する記述に繰り返し登場するが、そこでは、まさに「自然に盲従する模倣[15]」を拒否し、むしろ自然がいかに「芸術家であるか[16]」を観察する必要を強調している。ゴーガンは自然を「個性的」な方法で観察し、そこから独自の「知〔science〕[17]」をひき出すことを目指すべきだと明言する。すなわち、彼が「アリーヌのための手帖[五]」にまとめているように、「芸術家は［……］（もし真に神の創造物に等しいものを作りたいのなら）、自然を写すのではなく、自然から何らかの要素《エレメント》を取って、一つの新しい要素を創造しなければならない[18]」。

したがって、メルロ＝ポンティと同じくゴーガンにとって野生の存在という表現の本質は、この〈第一の自然〔*erste Natur*〕〉を「創造的に取り戻す[19]」ことにある。メルロ＝ポンティは哲学者の立場から、この第一の自然を意味深長に「野生の原理[20]」と定義し、それは「もっとも古い要素、すべての物の内にあるように、われわれの内につねに現在する〈過去の深淵[21]〉」と説明している。

両者にとって、考古学的で目的論的な身振りが共に野生の存在という表現を成り立たせている。その意味においてゴーガンは「嘘で真実」を表現すると言っており[22]、まさにこの身振り、この「嘘の真実[23]」のシーニュ（モデルではなく[24]）を多くの芸術経験――その大半は「原始的」な芸術経験であるが、それだけではない――のなかに探し求めた。

ゴーガンの芸術的「折衷主義[25]」の傾向――「ドーミエ[六]は日本でジョットと遭遇する[26]」のように言えること――もここから来ているが、原始主義に関する一貫性のなさによって彼はしばしば批判の対象とされてきた[27]。メルロ＝ポンティも書いたように、ゴーガンはこの折衷主義のために「生《なま》〔brut〕の表現を〔……〕美術館の芸術に逆らう」ようにはしなかったのである。ここから、ゴーガンのさらに一般化された作風、「文化的統合主義[28]」への傾倒が現れ、「神智学の精神において[29]」の、あらゆる宗教はその根源で一致しているという考え方へ次第に向かっていく。彼がタヒチで描いた絵画の多くがこの考えに支えられており、それは『現代の精神とカトリシスム[30]』というタイトルの草稿からもうかがえる。

もちろん、たとえ彼が文化的統合主義と神智学の精神を表明したとしても、ベネデット・クローチェ[七]の表現によれば、「自身をクリスチャンではないと表明する」には不十分である。しかしながら、ゴーガンがときおりキリスト教に基づくイメージを絵画に取り入れるとしても、タヒチの女の肉体はキリスト教の肉のようにはまるで見えず、むしろ先ほど言及した統合主義的なものへの傾倒と関係づけることができる。デリダがナンシーについて用いた表現を再び引用するならば、ゴーガンはまさにこのような傾倒によって自身の絵画の行程をまったく独創的な「キリスト教の〈肉〉の脱構築[31]」のなかに見出していったと言ってよいだろう。

## ゴーガンと「キリスト教の〈肉〉の脱構築」

ゴーガンは、まさしくこのような方向を目指すことで、石や木をめぐる独特の迂回路を辿るように思われる。彼の作品にみられるタヒチの女の身体は、デッサンであろうと油彩であろうと、確かに彫刻的な身体である。「彫刻的な形」という表現は、そもそもゴーガン自身が『ノアノア』草稿一頁目の見開きに用いているのだが、これはポマレ王妃の身体と聖堂正面に肉体的類縁性を見たと信じていることを示すためである。[32] さらに『ノアノア』のなかで彼は、『花を持つ女』(一八九一)に描こうとしていた女の口について「彫刻家が象《かたど》った[33]」ようにみえると書いており、同じく少し先の箇所でテハマナについて、彼女の身体は「完璧な偶像[34]」を想い起こさせることを認めている。また、ゴーガンは一八八九年三月のアンドレ・フォンテナス[八]への手紙のなかで「動物の形象」の「堅さ」を形容するために「彫像的」という言葉を用いており、この言葉を「動物たちの身ぶりのリズムと静止しているときの独特な姿が含み持つ、何とも言えず古代的で荘厳で宗教的なもの」[35]に意味深く結びつけている。しかし、彼が肉の原始的聖性を再発見するために、それを石や木との類縁性に求めた意図については、「偶感抄」の「私が描きたい絵」――周知のとおり、じっさいには描かれない絵――にふれて、その絵について「中心となる形象は彫像と化した女になるだろう。生きたまま偶像と化した女に」[36]と説明されることで真に明確に宣言されることになる。

したがって、ゴーガンはここで肉的なものを彫刻的なものとの不可能な混‐融に至るまで追求しているのだが、それは生命のあるものとないものとの共‐属を示すことで、肉的なものに原始的な聖性を回復させようとするものである。この意味からもゴーガンは石や木を通って迂回することで、キリスト教が肉に与える「拭いがたい含意」とデリダが定義したものを「脱構築する」ことを目指したのではないかと考えられる。この迂回は――これこそが重要なのだが――野生的なだけではなくギリシア的でもある聖性を肉に回復させようとする性質を持つことが明らかである。じっさい、ゴーガンは『なんだい、妬いてるのかい』(一八九二)の「中央の人物像が、ゴーガンがタヒチに持参したディオニュソス像の写真をもとに描かれている」[37]ことが示すように、ギリシア美術を数ある着想源の一つとしていたが、それと同程度に、不可欠のモデルとみなされてきたこの美術に対して寛容ではなかった。

　ゴーガンの着想源にギリシア美術があることは、そもそも彼が折衷主義であった証拠なのだが、この主義は文化的統合主義という基本的志向に基づいていると考えられる。ゴーガンはこの文化的統合主義を通して、タヒチ文化と「より大きな他の諸文化[38]」との間に垣間見られる地下の水脈を明るみに出そうとしたのである。この志向と多神教——まさにギリシアとタヒチのような——への特別な関心が結びついているのは明らかであり、この関心が、先に示唆した「原始の聖性から着想を汲み上げる」というゴーガンの企てと一致していることも、やはり明らかである。原始の聖性は、彼が「カトリック教会と近代[39]」のなかで説明しているように、神を「測り知れぬ神秘[40]」を解き明かすための作り話とはみなさない。さらにはまた、このような多神論への関心も、原始の聖性から着想を汲み上げるという企ても、ゴーガン独自の「キリスト教の〈肉〉の脱構築」を実現させようとする取り組みと間違いなく一致している。じっさいにジャン＝リュック・ナンシーが私たちに想起させるように、キリスト教一神論における人／神は一方で顕れ、他方で隠れるからである。それとは反対に、タヒチの神々はギリシアの神々と同じく、ナンシーが多神論で指摘する「本質的特性」を備えている。つまり「神々の多様性は、潜在的であろうと変質していようと、神々を見えるものや現前するものにする。多神論の芸術は神々のヴィジョンを与え、自らの唯一性に隠れた神の不可視性を喚起する」[41]。

要するにナンシーが明らかにしたのは、キリスト教の神――「現前している／隠れている、また隠れて自己を現前させている」[42]――とも一般的な一神論の宗教とも異なる多神論の神々の可視性である。この点に関して、メルロ゠ポンティが「肉」と称した対象がまさに「可視性」という語で性格づけられていたことを再び思い起こさねばならない。メルロ゠ポンティはこの可視性を、彼が「第一の可視性[43]」と呼ぶものを構成している様々な見えるもののたんなる総体にとどめず、第一の可視性に混在してそれを取り囲む「第二の可視性[44]」に命を授けることで示唆される諸々の力線と次元を含むものであることを確認している。

## 蔽われた不透明なもの――絵画における可視性について

こうして、私たちが考察している言説の内部に、絵画における肉の可視性というテーマが現れる。それはすなわち、従来「肉色〔incarnat〕」という呼び名で的確に示されてきたテーマである。この点についてジョルジュ・ディディ＝ユベルマンがしたように前もって強調しておかねばならないと思うのは、たとえ「肉色」が皮膚の絵画的抽出を指す目的で使われるとしても、この語自体は皮膚に由来するのではなく、逆説的にも、まさに「肉」[45]という語に由来するという点である。さらに、私がこれまで進めてきた論からも、キリスト教絵画の肉色には固有の性質があるのかという問いが生じる。こういう問いに対しては、せいぜいお定まりの答えしか望めないだろう。先ほど述べたジャン＝リュック・ナンシーによるキリスト教一神論の性格づけから、こう答えることができる。もし「〈本来的な〉（宗教的な）意味でのキリスト教の神」が、じっさいに「現前している／隠れている、隠れて自己を現前させている」とすれば、キリスト教絵画の肉色とは隠れた神的なものを現前させる傾向を持つということが、なによりもまず主張できるだろう。より簡潔に言えば、肉色は神の「隠遁」[46]を現前させるのだ。それに加えて、ナンシーはキリスト教絵画を性格づけようとして、一方では「皮膚あるいはヴェールの露出」[47]に注意を向け、他方ではギリシア多神論の可視性からキリスト教一神論の可視性に向かい、プロティノス[九]が決定的な立場を占めていることを想い起こさせる。じっさい、周知のとおりプロティノスが〈感じるもの〉を称賛するのは――エルヴィン・パノフスキー(一〇)が人間に対して「イデアの世界への見通しを開くと同時に、それ［＝内的視線］にヴェールをかけてしまう」[48]と意味深く明言したように――〈感じるもの〉が感覚を超えた他性に差し戻され続けるかぎりにおいてである。まさにこのような感じられるものの「ヴェール」という概念こそが、キリスト教絵画の肉色のなかに流れているように思われる。ここでは――メルロ＝ポンティが逆に「感じる肉」と定義した「探査を留める目の詰んだこの織地」のかわりに――皮膚がヴェールなのである[49]。なぜなら、皮膚は私たちの眼前に神の原理に照らされて現れるが、同時にその源泉を隠すからである。

　このような思考過程は、ゴーガンの絵画がかかわったと考えられる「キリスト教の〈肉〉の脱構築」作用を対照的に際立たせる。

　ゴーガンの絵画は石や木を通して迂回することで――先ほどのメルロ＝ポンティの言葉にもみられる――あの不透明性を皮膚に返している。『マナオ・トゥパパウ（死霊は見守る）』（一八九二）のテハマナの身体はその好例である。その身体は、褐色の皮膚の不透明さによって――陰画から陽画への移行のように――ゴーガンが崇拝してやまなかったマネの『オランピア』の、抜けるように白いがやはり不透明な皮膚の身体を思い起こさせる。[50] 皮膚にこのような不透明性を返す行為は、よく考えてみると、皮膚に肉との一体性を与え直すことを意味しているがゆえに、たんに身体を「包むもの」という位置づけは否定される。まさにその理由から、大半の近代絵画は——メルロ＝ポンティが想い起こさせてくれたように——その位置づけとの縁を切ろうとしたのである。他方、肉に皮膚との一体性を与え直すことは、曖昧な精神性を生じさせる内面という含意から肉を解放し、そこに神的な原理——「現前している／隠れている、隠れて自己を現前させている」——つまり「魂」が一時的に宿っているということを示す。皮膚に不透明性を回復させることは、結局のところ、肉にその内実を回復させることを意味しており、肉色をヴェールに還元してしまうのを避けようとする——ヴェールは形而上学的な光を現前させると同時にその隠遁を現前させることしかできない。ところが、キリスト教絵画はこの傾向によって自らを形成してきたように思われ、まさにそのことによってヴェールは私たちを終末論的な仕方で降りることへと送り返す。つまりそれは、「自らの唯一性のなかに」隠れ続ける神の完全な可視性に終末論的に送り返すことである。

ゴーガンは反対に、石や木を通して迂回することで、生物と無生物が属し、また互いに属し合っている野生の存在としての〈自然〔Nature〕〉の聖性を再び浮上させようと試みる。したがって、これは生物と無生物の共通の可視性としての肉であるかぎりでの聖性であり、この可視性は——「第一の可視性」としても「第二の可視性」としても——いずれにしても形而上学的原理に送り返されることはなく、ヴェールが終末論的に降りることを約束するものでもない。それゆえ、ここで問題となる可視性は、多神論の教えを「神の死[51]」という西洋的感性に結びつけて、むしろ——ニーチェが『華やぐ知慧』の「第二書序文」（一八八六）に書き、メルロ＝ポンティも晩年の講義で引用した——「真理のヴェールを取り除いても真理は真理のままであるなどとは、われわれはもはや信じない[52]」ことを表明している。

それ以上に、見えるもの自体の「第一の可視性」とその見えないものの暈《かさ》という「第二の可視性」という階層化は、メルロ＝ポンティにとっては探究の一助でしかなかったが、「原始的」に見ることを再生させようとするゴーガンの努力を前にすると、その文明性をあらわにするように思われる——「原始的」な見方にとって、この階層関係は疑わしいものとしてしか現れない。『説教の後の幻視』（一八八八）のような諸作品、そしてやはり『マナオ・トゥパパウ』が、それをとりわけ明瞭に例証している。

じっさい、これらの作品においては呪術的‐宗教的要素――テハマナの見た幻覚と同じくブルターニュ地方の農民が見た幻覚――が、感じられたもの自体をわざと分かりにくく描いたカンヴァスに現前している。[53] こうして、このような諸作品は現実的なものと想像的なものとの共‐現前を、じつに効果的に可視化することに成功している。そして、この共‐現前の呈示は、原始の聖性を養う「野生の存在」の神話的‐象徴的次元の持つ――「野生の存在」の現在性――を再び求めることを意味している。よく見れば、このような現実的なものと想像的なものの共‐現前の内部でこそ、とりわけ生物と無生物の共‐属がみられるのである。さらには、『マナオ・トゥパパウ』のテハマナの幻覚から折よく想起されるアニミズムも、この共‐属のなかで他のものにはさまれて深く根づいている。[54] だが、メルロ＝ポンティが練り上げた「世界の肉」という概念もまた、アニミズムに劣らず生物と無生物の共‐属の奥深くに根づいているように思われる。こうして「世界の肉」の概念は、デリダが「キリスト教の寓意」と告発したものとはまったく別物であることが明らかとなる。

　そこで、このような類の根の追求としてもまた、ゴーガンの作品は石や木を通って迂回することで、きわめて特徴的な「キリスト教の〈肉〉の脱構築」に関わってゆくように思われる。

というのも、このような迂回によって、ゴーガンがポリネシアで描いた絵画のキリスト教に基づくイメージにも、原始的なものを暗示する意味が浮き彫りになっているからであり、このようにして、ゴーガンがブルターニュで描いた絵画にもみられる探求がなしとげられたからである。たとえば、『ブルターニュの磔刑像』(一八八九)の聖人の群れはトーテム像を想起させるのだが、トーテミズムとは「世界の肉」の概念が送り返されるその同じ野生の存在を源泉とするように思われ、この点を指摘することは無駄ではないだろう(55)。

したがって、この概念はキリスト教的であるよりもむしろ、本章の冒頭で引用した一文のなかでまさにメルロ゠ポンティが強調しているように「われわれの時代が特権視した」原始主義の哲学的形象として現れる。とりわけ、もしキュビスト世代が「ゴーガンにとってなによりも魅力的だった微光の曖昧さと神秘に対抗する武器として原始主義を用いたのかもしれない(56)」のが真実ならば、「世界の肉」という概念はキュビスト世代の原始主義ではなくゴーガンの原始主義により近い哲学的形象を構成することになる。

メルロ゠ポンティは自身の立場で次のように書いて、現実的なものと想像的なものとの両義的な共‐現前をあらためて主張している。

眠らずにいるときのわれわれと物との関係、とりわけ他者との関係は、本来、夢のような性格を持っている。他者は夢として、神話としてわれわれに現前している。[57]

ゴーガンが彼の方法で明らかにしようとしたのは、この現前——すでに見たように、ナンシーは一神論の神々とは異なる多神論の神々の可視性を強調するためにこの語を用いた——が、なによりもまず私たちと「測りしれない神秘」との関係を性格づけるという意味で、諸関係を性格づけていることであったと思われる。それは、私たちは何処から来たのか、私たちは何者なのか、私たちは何処へ行くのか、という三つの問いに集約される神秘である。

# 第三章

# 「見えるようにすること」

## ——メルロ゠ポンティとパウル・クレー

## 見えないものの可視性

「見えるようにすること〔*Sichtbarmachen*〕」。これは一九二〇年にパウル・クレーが書いた『創造者の信条告白』の有名な書き出し、「芸術とは目に見えるものを再現することではなく、見えるようにすること」[1]という一文のキーワードで、その六年後にクレーが描いた人の顔のようなデッサン——それは一枚の扉で、扉の周りには壁ではなく星空が拡がっている——にも添えられる。もし芸術が本当に見えるようにすることだとしたら、それは——この点は強調しておく必要があるが——見えないものが目に見えることが確かにあって、芸術は見えるものの生起そのものにおいて、つまり見えるものが「生まれいずる状態」にあるときに、見えるようにするために身を差し出すことになる。メルロ＝ポンティが晩年の講義録に記したように、クレーは『創造者の信条告白』のなかで「芸術作品も同じく、生起こそが重要なのだ〔*Auch das Kunstwerk ist in erster Linie Genesis*〕」と書いている。(2)

その四年後にクレーは「現代芸術について」と意味深く名づけた講演で、芸術家が知覚したいものについて明言したが、メルロ＝ポンティはこの一節についても、やはりそのまま引用している。

〔芸術家は〕こうして、自然が眼の前にすべて形作った諸々の物を鋭いまなざしで探求する。芸術家のまなざしがより遠くに届けば届くほど、その地平は現在から過去へと拡がっていく。そして、自然の完成されたイメージのかわりに、生成としての創造のイメージ（これこそが唯一重要なのだが）が芸術家に刻み込まれてゆくのだ。(3)

「世界や歴史の意味を生まれいずる状態でつかむこと」は、メルロ＝ポンティが現象学と彼自身に課しただけでなく、「近代思想の努力」、さらには現代思想の努力と同一視する目標であった[4]。メルロ＝ポンティがこのような努力のなかでクレーによる絵画の探求も等しく考察に取り入れていったのは明らかであり、次第にその探求との深いところでの一致を見出していくことになる[5]。

先ほど私が示唆したように、メルロ＝ポンティは一九五八年から五九年に「今日の哲学」に関する準備ノートを書いた。一九五九年一月にまとめたノートのなかでは、主にグローマン[二]の著書に基づいて[6]、「なぜ［このように］クレーを力説するのか[7]」という問いを投げかけており、それに対する答えの一つが、クレーが重視する「生起の把握[8]」というテーマにうかがえることを含意している。

すでに挙げた「見えないものの可視性」とは、メルロ＝ポンティ独自の表現である。これは一九五九年から一九六〇年にコレージュ・ド・フランスで「自然とロゴス――人間の身体」というタイトルで彼が行った講義の最終段階にまとめられた要録のなかに現れる。彼がここではっきり述べているわけではないが、「新しい存在論」の深化に捧げられたこの表現を通して、独自の哲学の探究を性格づけようと考えていたのは明らかである。

第一章でも述べたように、この企ては自身の論拠と道理を「感じるものの存在論の復権」のなかに見出してきた。
この復権こそがメルロ＝ポンティにとって――すでに引用した要録の言葉にみられるように――「見えないものの可視性としての肉の哲学[9]」という意味を含み持っていたのだろう。それゆえ、この哲学は――復権と照らし合わせて――感覚的なものと知的なものとの関係の問題自体を再考することになるのだろう。

周知のとおりプラトン哲学は、この問題を体系化する際に、感じるものの存在論的な価値を引き下げて知的なものと対立させた。それは、ヴィジョンにみられる二つの様相、すなわち感じる世界だけを見る肉のヴィジョンと、それとは反対に観念世界を観想する知的な心の眼のヴィジョンの対立とつながっている。

それゆえ「感じるものの存在論の復権」を措定することは、この遺産から遠ざかろうとする（クレーが目指したように、そもそも「生起としての創造」を「見えるように」しようとする）ことであり、感覚的なものと知的なものとの関係を考え直すことを意味している。メルロ＝ポンティが死の間際に取り組んでいたのはこの問題であった。事実、執筆中だった『見えるものと見えないもの』の草稿は、まさにこの問題の箇所で中断されている。

『見えるものと見えないもの』が目指そうとしていた方向は、メルロ＝ポンティがコレージュ・ド・フランスで行った晩年の講義をまとめたノートに見られる。意味深いことに、その一つは「自然の概念」であり、他は「今日の哲学の可能性」の探究である。

　そこで検討された理論的な問題について、とりわけ手がかりになるのは「デカルト主義的存在論と今日の存在論[10]」と名づけられた講義要録である。じっさい、この要録を通して、感覚的なものと知的なものとを結ぶ新しい存在論的発言からメルロ＝ポンティが辿ったと思われる発展軸が浮かび上がる。メルロ＝ポンティはこれらの軸について哲学的には説明していないが、現代の存在論のなかで進化し続けていると考えている。

　これらの軸の中心に最終的に一つの概念が見出される。この概念は、初期の考察のみならず後の著書にも通底しているが明確には表現されなかった（『眼と精神』のなかで一度だけ表明された[11]）概念であり、「見えないものの可視性としての肉の哲学」の中心的存在として顕れる。これは、いわゆる「二重の視力」という意味の語である透視力によって示されるような概念である。その重要性を十分に把握するためにも、メルロ＝ポンティが『眼と精神』の二年前にパウル・クレーの絵画論のために書いた要録を（後にこの概念を取り入れた講義の概要をざっと思い起こすことで）ひもといていきたい。

## 今日の「詩は絵のごとし〔*ut pictura poesis*〕」

私がすでに指摘したように、またメルロ＝ポンティも「デカルトの存在論と今日の存在論」というタイトルですでに示しているように、一九六〇年から六一年の講義は――なによりもデカルトの存在論とはまったく異なる――現代の存在論の哲学を作り上げるという目的を持っている。メルロ＝ポンティによれば、この存在論は今日まで、とくに芸術、そしてとりわけ文学にその表現を見出してきた。

したがって、彼が辿る行程の第一段階は、まさに芸術と文学において自然に生じ、暗黙のうちに進化してきたとされる「現代の存在論」の状況の探究にあった。彼は「とくに文学において」(12)とある時点で明言しているが、このことは、メルロ＝ポンティが自身の思索の最終局面でもっぱら絵画に依拠したと主張する一部の人々の見解をきっぱりと相対化するものである。

そうはいっても、メルロ＝ポンティが芸術分野で探究の中心に置いたのは、やはり絵画であった。彼は前年の夏に『眼と精神』の執筆を通してすでに歩んだ道程を新たに試みたが、クレーによる絵画の思考がその中心を占めている。[13] その一方、文学の分野では、プルースト、[二]ヴァレリー、[三]クローデル[四]の作品に加えてサン＝ジョン・ペルス[五]とクロード・シモン[六]のような「最近の文学」[14]を代表する作家の作品が探究したい対象として挙げられている。[15]

この計画には明確に含まれていないものの、現代の存在論の状況を定義する際に中心的役割を担うであろうもう一つの文学作品がある。それはアルチュール・ランボー[七]の『見者の手紙』である。メルロ＝ポンティは、ランボーが詩人の役割として行ったマニフェストをまさに現代の画家の役割とするマックス・エルンスト[八]の言葉を通して、この作品とかかわっている。エルンストはこう宣言する。「ランボーの見者《ヴォワイヤン》についての有名な手紙以降、詩人の役割とは、自身のなかでひとりでに思考され、明確に語られたものを書き取ることとなったが、それと同じく画家の役割も、彼のなかで自ら見えてくるものを図取りし、投映することにあるのだ」[16]。

こうして、透視は「作家と見えるものとの新たな結節」[17]を名指す語となり、メルロ＝ポンティがこの定義を「近代的」（すでに述べたように、これはむしろ〈現代的〉と理解すべきであろう）と修飾した「探究」と結びつけるとともに、ここから「デカルトを超える〈ルネサンス〉」[18]を再発見することになる。メルロ＝ポンティはじっさいに、現代は「可視性という魔術的観念によってルネサンスを再発見した。物こそが、それ自体の（外と中）、あちらとこちらを見させるのだ」[19]と書いている。この文章とほぼ同時期に書かれた『シーニュ』の序文から、この「可視性という魔術的観念」とは何なのかが明らかになろう。

> 目に見える物と世界とは［……］つねに私が見ているものの背後、その地平にあって、可視性と呼ばれるのもこのような超越性そのものである。いかなる物も、物のいかなる側面も、他の物やその側面を積極的に隠すことによって、それらを覆い隠す行為を通して暴くことによってのみ、自らの姿を現すのだ[20]。

ここでメルロ＝ポンティは、私たちの時代の文学は、このような「可視性という魔術的観念」と再度結びついた結果――ランボーの表現に従って――透視として定義しうると考えた。事実、ダ・ヴィンチ[九]は「詩に対抗する透視を求める」[21]と続けている。詩は絵画と違って「〈同時性〉は不可能[22]」のままであるから――『眼と精神』の意味深い定義のように――「様々な存在者、相互に〈外的〉であり疎遠な存在者が、それでもやはり絶対的に共にいること[23]」を私たちに教えることができないと考えた。これとは対照的に、近代は「詩から透視も生み出す[24]」とされ、詩も絵画のように「同時性が可能である」ことを示す。

デカルトがヴィジョンを思考に還元し、思考が記号《シーニュ》と言葉とまったく同様にイメージからも刺激を受けると述べているのに対し、メルロ＝ポンティの仮説は、「現代芸術のなかで〈透視〉――デカルト的思考における透視ではなく――を明るみに出すことは、おそらくそれと似たものが言語芸術のなかにも見出される[25]」はずで、その結果「ヴィジョンを思考を介した記号《シーニュ》の解読に還元するのではなく、逆にヴィジョンと同じ類いの超越性を言葉のなかにも見出す必要があるだろう[26]」というものである。したがって、この企てにはランボーが決定的に寄与していると考えられるだろう。

透視は――知覚と想像的なものとの間の相互交換によって「不在なものをわれわれに現前させる[27]」ことから――ヴィジョンを性格づけている。そのため、ヴィジョンとは、ハイデガーが〈表象〉〔*Vor-stellung*〕と呼んだ「精神の前に世界の絵や描写を屹立させる思考の作用[28]」

としての従属作用ではない。見るとはむしろ、感じる世界が自ずと顕れるのを手助けすること〔*seconder*〕――能動性と受動性の分かちがたさを示す動詞(29)――であって、私たちがそこに含まれて自己を見出し、そこに類比の力が流れることであると言わなければならない。これはボードレール(一〇)の『書簡』にもみられる――そこでは、身体と物とが互いに呼び合い、未見の関係を結び、諸々の力線と逃走線を生み出し、最終的に「美の世界のロゴス」(30)を作り上げるのだ。「美の世界のロゴス」とは、メルロ＝ポンティが繰り返し用いたフッサールの表現で、感覚的にとらえるものと知的にとらえるものとの関係の根本的な再考を意味している。

見るとは、その内部から手助けすることであるという定義は、とりわけパウル・クレーが「モダン・アートについて」という講演で述べた、芸術家による「物の承諾〔*gegenständliche Jawort*〕」と奇妙なほど響き合うが、メルロ＝ポンティも後にこの表現を引用する。(31)この定義にはまた、ポール・クローデルが著書のタイトルとして用いた巧みな表現も役立っているのではないかと思われる。メルロ＝ポンティは生涯を通じてこの本に関心を抱いたが――ここで検討しているページにも、まさにその表現が登場するのは偶然ではない――彼と同様に、より広くフランスの現象学的美学の関心も引き続けたその本のタイトルとは『眼は聴く(32)』であり、この表現は感覚の諸領域の間、とくに能動的と言われる「見る」と受動的と言われる「聴く」の間のあらゆる分析的な分離を、共感覚の観点から否定している[33]。

透視が見ることをこのように性格づける限り、メルロ＝ポンティが『眼と精神』で「近代絵画の探究とともに古典的思考の世界としっかり向き合うとき」に直感すると告白している「人間と〈存在〉の関係の大変化[34]」を名づけるのに役立つ。『見えるものと見えないもの』のための研究ノートのなかで、メルロ＝ポンティは「無調音楽」にも同様に見出されると考えたこの大変化を、「同定しうる物も、物の皮膚もないが、物の肉を与える絵画[35]」と同一視しており、言い換えるならば――パウル・クレーに献じられた講義録で明らかにされたように――「外見とは異なる絵画［……］なぜなら、その絵画が言おうとして言わないでいること――物と世界を存在させる〈生成の源［principe générateur］〉――を呈示しているからだ[36]」と重ね合わせている。

メルロ＝ポンティが直感した大変化とは、要するに人間と存在との関係に肉性が与えられることである。この大変化が、意識、表象、主体と客体の対立といった用語では決して説明されえないのもそのためである。じっさいに現代文学は、まさに「透視」と名づけうるこの「新しい結節」を介して見えるものと結びつくのだろう。

　このようにして、メルロ＝ポンティは、デカルトが一六二九年十一月二十日にメルセンヌ[一一]宛の手紙で普遍言語の理念について書いた箇所[37]からうかがえる言語観を検討し、そこに「展望論に相当するもの[38]」を見出したことで、言語についてデカルトとは別様の現代的概念を提起する。この概念は、言語を「船の水先案内人《パイロット》としての思考の道具ではなく——思考と言語の本質的な結びつきとして——何にも支配されず、的確な効果の備わった言語[39]」として特徴づける。そして、この概念を象徴するのが『見者の手紙』であり、そこでは、言語の自立性が詩における「透視」の生成を宣言するほど高められている。したがってランボーは「彼の前に始まり彼の後にも続く、文学の生成における輝かしい一段階[40]」とみなされる。「おそらく——メルロ＝ポンティは『眼と精神』のなかで絵画にその証拠を見た「人間と〈存在〉の関係の大変化」に呼応して——ロマン主義以降の作家と存在の関係の変化を追求している[41]」のである。それは、先に述べたように存在の可視性と作家の言葉との関係における変化であると言われている。作家の言葉は——意味を示そうとするかわりに[42]——物に「混じる」［se mélange］。それはランボーが言ったように、木片が「ヴァイオリンになって」、感じられるもの自体が感じる表徴となることである。[43]

メルロ＝ポンティが現代の要請として書きとめ、透視のランボー的詩法にその存在を認めた「ヴィジョンにおける超越性と同じ類いの超越性」――つまり透視の超越性――は、知的なものに向けられた「第二の視線」ではなく、見えるもののなかに見えないものを見る視線であり、音楽や文学の言葉の網目において、または見えるもののヴェールから透けて見える理念の見えないものに遭遇させてくれる視線である。クリスティーヌ・ビュシ＝グリュックスマン[一二]は、ここから「透視――不在なものをわれわれに現前させるもの――とは、芸術の場と〈存在〉への接近、美学と「存在論」との同時的な生起を規定することである[44]」と書いたのだが、この見解を私たちが展開してきた論に照らして考えてみると、透視がまた「諸々の現象の直感において（あるいはヴィジョン、より一般的には理解において）つねに、すでに働いていると同時にまったく潜在的な一つの本質直観〔*Wesensschau*〕」を定義するのであるからには、このような二重の出現は、認識形而上学における二重の出現もまた伴っていることが分かる。[45]

つまり、存在者のなかにその〈存在〉を見通す透視とは、俯瞰的に見通すこと〔*kosmotheoréin*〕ではなく感じるヴィジョンとは不可分の本質直観なのであり、まさに肉性を示す。[46] これこそが、私が本書の第一章で言及し、以下の章で「感受される理念」と称してさらに深く追求していく肉の観念である。

## バロックの世界で哲学を行う

メルロ＝ポンティは、現代の作家と画家が〈見えるもの〉とともに作り上げた結びつきのなかに「人間と〈存在〉の関係の大変化」を見出したが、それと同時にこの状況に相応しい哲学表現を探し出さねばならないと述べている。このことは、哲学の概念そのものを考え直すことを想定している。じっさい、講義録に書かれている内容に注目してみると、メルロ＝ポンティは諸々の経験、つまり哲学以前に、哲学よりも良い形で、芸術と文学に大変化を表現するように導いた経験を喚起して、この概念をもちろん放棄せずに再考することを提案している。

メルロ＝ポンティは『見えるものと見えないもの』の研究ノートで、この概念を再構築しようと試み、哲学は「言葉〔mot〕によって見させる。あらゆる文学のように[47]」と述べている。

つまり、この考えによれば、哲学は現代文学とまったく同じく、見えるものと「新たな結びつき」を作り、そこから見えるようにすること〔*sichtbar machen*〕を目指すと考えられる。

ところで、この「言葉によって見させる」こと、つまりメルロ＝ポンティによれば哲学を文学に引き寄せて性格づけるこの表現を、一体どのように理解すればよいのだろう。メルロ＝ポンティは『見えるものと見えないもの』のなかで、このように述べた理由を、哲学の「対象」〔objet〕という語——この語は適切ではないことを認めながらも——を用いて、こう説明している。

> 実際に現前している、究極の、最初の存在や物そのものは原則として、その視野を介して透視されるようにとらえられることから、それを所有するのではなく見ようとする人にだけ、またそれをピンセットでつまみ上げたり顕微鏡の対物レンズの下に固定するのではなく、それをあるがままにし、その連続する存在に立ち会おうとする人にだけ与えられるのだが、そういう人は、それが求めるくぼみ〔creux〕と自由な空間とそれが必要とする共鳴を返し与えるにとどめる。[48]

きわめて緻密なこの一節では、哲学が自ら「対象」と関わる態度を「見ること」と呼んでいる。この「見ること」とは、先ほど私が内部から手助けすると定義した姿勢と似た方法によって性格づけられる。じっさい、ここでの「見ること」とは概念〔*Begriff*〕を知的にとらえようとすることを諦め[49]、ただ「あるがまま」にすることを意味している。「あるがまま」という表現は――『見えるものと見えないもの』に現れるハイデガーからの啓示はこれにとどまらないが――知覚そのものを規定するために書かれた上の引用の少し後にも現れ、そこでは知覚が「問いかける思考」と意味深く定義されている。

> 知覚とは、問いかける思考と理解すべきである。それは知覚される世界を措定するというよりは、それをあるがままにし、その世界の前で物は可否以前に緩慢に作られて崩れていく。[50]

このような観点からすれば、哲学を「言葉〔mot〕によって見させる」と定義すると、ここでの見ることは感じるものの思考――あるいは美の世界のロゴス――を「透かしてとらえること」と同等に理解されるべきであり、感じるものの思考をあるがままにして（「聴く眼」とは、まさにあるがままの眼である）、現象学的な還元が決して完全にはなし遂げられないなかで「その思考が求める響き」を与え返すことになる。言語とは「言葉によって見させる」限り、感じるものが棲みついている沈黙の響きであって、それを外から観察したり、それに巻き込まれないようにするといった大それた望みは持ちえない。なぜなら、メルロ゠ポンティにとって哲学の言語は、もはや「それ自体の偶然性を排除しえず、自らを消滅させて物そのものを出現させることはできない[51]」からである。つまり、「言葉によって見させる」ということは、言葉そのものを創造する作品、感じるロゴスの表現を通して[52]、同時にそうである〔*en être*〕という事実を表現しながら内部から手助けすることである。

したがって、ここで検討してきた講義録のなかでメルロ゠ポンティは、私たちの時代に起こっている「人間と〈存在〉の関係の大変化」を哲学よりも早く上手に表現できたのは芸術と文学であると考えており、それは別の言い方をするなら、芸術と文学が、彼によれば――哲学よりも早く上手に――感じるものの表現を内部から手助けするすべを心得ていたからであり、そうしてその「含み込みと混淆の論理[53]」をあるがままにしておき、「存在との関係はすべて」その論理のなかで「とらえると同時にとらえられるのであって[54]」、それとは真逆の描出の論理を重ね合わせようとはしないのだが、哲学の大半は依然としてこの描出の論理に従属しているのである。これはじっさいに、まさしく〈見ること〉の古典的な論理であって、正面に導いて表象することと理解されており、主体が向かい合った対象の一般的表象を思考によってつかみ取るという概念図の基礎となる論理である。

　メルロ＝ポンティは「哲学者とその影」という論考の最終頁で、ルネサンスの遠近法を代表する（いわゆる）正面性にこのような図法理論の象徴を見つけているようだが[55]、それに対して、感じるものの存在をむしろ「バロックの世界」（ドゥルーズ[一三]にならえば、ここでもやはりパウル・クレーが想起される[56]）になぞらえて、その世界に〈理論的意味〉——宇宙理論的とみなすべき——からは「その観念が得られない[57]」ような「配置の意味」を認めている。

　また『シーニュ』に再録された「どこにもあり、どこにもない[58]」という名の論のなかで、メルロ＝ポンティは今日の「哲学的問題」は「概念を壊すことなく開き示すことにある[59]」のではないかとまで書き加えているのだが、それは——少し後で示唆しているように——「世界を知的に所有する[60]」意図を手放すことで概念の「公正さ[61]」を守るためである。したがって、おそらく感じるもののバロック的配置を追って、概念のこのような「開示」を考える必要があるのだろう。その配置によれば「とらえること」のすべては同時に「とらえられること」であり、「感じること」のすべては「あるがままにすること」とみなされる。そうして、概念〔*Begriff*〕による「世界の知的所有」の意図を撤回し、最後は概念をもって――『見えるものと見えないもの』の研究ノートで強調されているように――「哲学がかつて語ったことのない」「われわれの能動性の持つ受動性[62]」について語らせるに至るのだ。

それゆえ、バロックの理論家にとって「概念〔concept〕」という用語のラテン語起源は、メルロ＝ポンティの思考が示すような方向にもその痕跡を見出させる意味領域と結びついているのだが、それは偶然というわけではない。じっさいに、ドイツ語の *Begriff* において「理解するという行為の語源は *greifen* つまり把握という意味につながっているが、それとは反対に、ラテン語の *conceptus* は *cum-capio* つまり〈迎える〉という意味での〈とらえる〉から派生したものである[63]」。ここでは、共にとらえること、つまり〈とらえること〉が同時に〈とらえられること〉でもある点が示されている。この意味からも、理解することとは何かを専有することではなく、その表明を内部から手助けすることにある。また、同じ意味でこの代替性は、カント的な想像力が美の概念を創り出すとしたジャック・タミニオー(一四)の言葉にもみられる。「創造とは、主体に – 従わせる〔as-sujettir〕ようにするのではなく、共に感じる〔consentir〕ことなのだ(64)」。

# 第四章

# 哲学者とシネアスト

## ——メルロ＝ポンティと映画の思考

## 説明のかわりに見させること——映画と哲学の歴史的な一致

メルロ＝ポンティは一九四八年に、それまでの数年間に書いた主な論文を『意味と無意味』と題した三部構成の本にまとめ、それぞれに「作品」、「思想」、「政治」と名づけた。

第一部を構成する四つの論文は一九四五年から四七年にかけて雑誌に掲載されたが、そこでメルロ＝ポンティは、いくつかの芸術経験（「セザンヌの疑惑」における絵画、「映画と新しい心理学」における映画、シモーヌ・ド・ボーヴォワール[1]の『招かれた女』論である「小説と形而上学」ならびにサルトルを擁護して書いた「悪評作家」における文学）と彼が「新しい」とみなした心理学との間に深い一致がみられ（彼はそれらと形態心理学との一致も指摘している)、この一致はまた、現代哲学との間にもみられると指摘している。

メルロ＝ポンティは、このような一致が、私たちと世界との関わりという主題と、私たちと他者との関わりという二つの主題をめぐって明らかになると考えている。私たちと世界との関わりについて、メルロ＝ポンティは「映画と新しい心理学[1]」と名づけた試論（一九四五年にパリの高等映画研究所で行った講演の原稿）を書くにあたって次のように強調している。彼が「古典的」と称する心理学は、私たちが感じる認識のなかで感覚をもっとも重視する傾向がある。その感覚は局部刺激としての部分効果であって、知性と記憶の働きによって後に一つの図にまとめられるのに対し、「新しい心理学」は、ある現象を感じて把握するものを総体的にとらえるということで、むしろ知覚を第一に考える必要性を主張する。

われわれは分析的な知覚によって、個々の要素の絶対的価値を得るが、それは後知恵の異例な態度、つまり観察する学者や省察する哲学者の態度においてごく一般的な意味での構造、統一、あるいは形状といった形態〔forme〕の知覚を、われわれの自発的な知覚の様式であると考えなければならない[2]。

「新しい心理学」は、このような考えに基づいて知覚の共感覚的性質を示している。それゆえ、知覚が「私のすべての感覚に同時に訴えてくる」からと言って「視覚、触覚、聴覚の所与の総和[3]」と考えてはならない。メルロ＝ポンティは、より広い観点から、形態論（ゲシュタルト理論）を「感覚の概念をきっぱり排除することで［……］記号とその意味、感じられるものと判断されるものを、もはや区別してはならないと教えている[4]」と述べている。

それゆえ、私たちと他者との関わりという主題についても、やはりメルロ＝ポンティは「新しい心理学」が他者の知覚に「新しい概念」をもたらすとし、それに基づいて「内部観察あるいは内省と外部観察との区別[5]」を拒否すべきであると述べている。すなわち、「愛とか憎悪とか怒りを、それらを感じる者だけが唯一の証人として近づき得る〈内部の現実〉とする、あの偏見を［……］拒否しなければならない[6]」のだ。じっさい、メルロ＝ポンティが「新しい心理学」で示しているのは、「怒りや羞恥や憎しみや愛が、他者の意識の奥底に潜む心的事実ではなく、外から見える行動の型または振る舞い方[7]」である。

その一方で、メルロ＝ポンティは「映画美学者の最上の見解[8]」は、この心理学の新しさと一致すると考えている。彼は「映画を知覚の対象[9]」ととらえることで、その新しさを強調しようと取り組んだ。つまりそれは、エンゾ・パシ[二]が『意味と無意味』のイタリア語版「序章」で説明しているように、「映画を［……］運動の形式（ゲシュタルトの意味で）[10]」とみなすことである。

このテーマについてメルロ＝ポンティは、「映画は映像《イマージュ》の集積ではなく、時間の形態である[11]」と明言している。本質的にそのリズムが特徴づけるこの時間の形態の内部で、

一つの映像の意味は、映画のなかでそれに先立つ諸々の映像に依存しており、それらの連続性が、使われた諸要素のたんなる集積ではない新しい現実を創造するのである。[12]

この定義を裏づけるために、メルロ＝ポンティはフセヴォロド・プドフキン[三]作とされる映画の有名ではあるが後に失われたシークェンスについて述べている。じっさいにこの映画を監督したのはプドフキンの師であったレフ・クレショフ——ジガ・ヴェルトフとともにソヴィエト映画を創始した——なのだが、クレショフは映画表現のもっとも重要な手法と考えていたモン

タージュの創造的役割をみせるためにこの作品を監督したのだ。

ある日、プドフキンはモジューヒンの無感動な顔のクロース・アップを撮り、それをまずポタージュの皿のカットの後に、ついで棺に横たわる若い女性の死体のカットの後に、最後にクマのぬいぐるみで遊ぶ子供のカットの後に挿入した。私たちはその映像をみて、まずモジューヒンが皿と若い女性と子供を見ていると認識するが、その後、彼が物想わしげに皿を眺め、悲しげに少女を見つめ、明るくほほえみながら子供を見つめているのに気づく。じっさいには、まったく同じ顔のショットが三度使われ、その顔はきわめて無表情であったのに、観客はその表情の微妙な変化に感嘆させられたのである。[13]

ピエール・ロドリゴはメルロ＝ポンティの著書にまつわる優れたエッセイのなかで、[14] 先ほどの一節には「講演の核心部分」[15] があると指摘したものの、「映画芸術の特性と言えるモンタージュ」[16] を取り上げながら、「映像それ自体の意味する力にはまったく触れていない」のは論旨上「明らかな欠陥であり」[17] 残念であると述べている。ロドリゴの見解によれば、メルロ＝ポンティの論は映像を「モンタージュがかかわるような意味の原子──古典的な言語学において語が意味の原子《アトム》であったように[18]」とみなすことに立脚している。ロドリゴは、メルロ＝ポンティの論がソヴィエトの無声映画の教訓を絶対視し、まさにモンタージュに集中して、ちょうど文のなかで語と語の間から意味が浮かび出てくるように、映像と映像の間から意味が浮かび上がってくるからだと主張している。これに対してロドリゴは、トーキー映画によって増してゆく表現の複雑さに注目し、映画映像とは「文であって語ではない[19]」と述べている。

ロドリゴが述べたこれらの見解には反論の余地がない。しかし、メルロ＝ポンティがパリ高等映画研究所で行った論証は、やはり確かな根拠に支えられていると思われる。

ソヴィエトの無声映画がモンタージュに与えた特権性とは、アンドレ・バザン（『カイエ・デュ・シネマ』誌の創刊者でヌーヴェル・ヴァーグの精神的な父親）がモンタージュに対抗してこだわった──ロドリゴもそれに応じている[20]──ワン・ショット＝ワン・シークェンス〔plan-séquence〕とともに自明であるという事実については脇に置いておきたい。なにより重要なのは、とりわけこの特権性が、メルロ＝ポンティが講演でかかげた目標に適したものとして現れることであり、それは講演の後半冒頭の「新しい心理学の考察」を映画に置き換える見解でも明らかなように、「今しがた知覚一般について述べたことが、そのまま映画の知覚にも当てはめられる[21]」ことを示している。確かに講演の後半部分は、前半に示された心理学の原理を「映画の知覚に当てはめる」ことのみを意図しているのではまったくなく、その反対に、心理学は映画と対峙して「これまでに語られたことをすべて遡及的に変える[22]」としている。とはいえ、映画のモンタージュがゲシュタルト心理学の斬新さという特性を示すのに最適な例と思われているのは間違いない。そこからメルロ＝ポンティは、「われわれの知覚においてもっとも重要で、最初に現れてくるのは、並列された要素ではなく総体である[23]」という論を切り開いたのだ。

　さらにメルロ＝ポンティはこのような特性を明言してすぐに、視覚だけでなく聴覚の事例についても取り上げている。聴覚の例としては主に旋律が取り上げられているが、ここで述べられているのはゲシュタルト的というよりもむしろベルクソン的[24]な旋律である。

> 旋律とは、いくつもの音の総和ではない。各々の音は一緒になって発揮する機能によって、はじめて何物かになる［……］。この集合《アンサンブル》の知覚は、個々の要素の知覚よりも自然で原

初的である。[25]

そして、メルロ゠ポンティがクレショフ効果[四]について述べた箇所で言及しているのも、まさにこの旋律の例である。じっさい、メルロ゠ポンティはクレショフ効果が、まさに「映画の旋律的統一を明らかにした[26]」点に重きをおくことで、映画が音楽の旋律とまったく同じような――本書でもすでに引用した――「時間の形態[27]」であることを強調しようとした。

こういうわけで、私の考えはロドリゴとは異なり、メルロ゠ポンティがクレショフ効果について述べるとき、彼は映画映像を文のなかの言葉の原子《アトム》にたとえるのではなく、個々の音符にたとえようとしていると思われる。とはいえ、このような考え方はきわめて抽象的であろう。

そもそも、スワン――プルーストの『失われた時を求めて』第一巻の主人公――はそのことに気づいており、メルロ゠ポンティもその箇所をパリ高等映画研究所での講演と同じ年に出版した『知覚の現象学[28]』のなかで引用している。

ヴェルデュラン家での夜会が終った後、小楽節を演奏してもらった彼［スワン］は、なぜその小楽節がかぐわしく、愛撫のように自身を取り囲み、包み込んでいったのかを解き明かそうとし、小楽節を構成する五つの音のわずかな間と、その内の二つの音の絶え間ない反復によって身が縮み寒気がするような甘美な心持に浸ったことに気づいた。しかしじっさいは、彼が楽節そのものに基づいてこのような解釈をしたのではなく、ヴェルデュラン夫妻を知る前に初めてソナタを聴いた夜会で感じ取った神秘的な実体を、自身の知性で理解するために便宜的に置きかえた、たんなる音価に基づいていたことを知るのだった。(29)

それゆえ、メルロ゠ポンティはスワンとまったく同様に、ここで中心となっている表現性に富む単位――音楽の小楽節、または映画のシークェンス――に意味を与えているのが何なのかを理解することは、たとえこれらに特有の構成要素を分析するために「形態」（まさにゲシュタルト）を解体したとしても――絶対に不可能であろうとみなしている。事実、すでに引用した説明にもみられるように、「われわれは分析的な知覚によって個々の要素の絶対的価値を得るが、それは［……］後知恵の異例な態度、つまり観察する学者や省察する哲学者の態度に通じている」(30)のであり、美学や映画の専門家の知覚も間違いなく付け加えられよう。メルロ゠ポンティンティはまさにこの理由から、クレショフ効果の考察において、むしろ「形態の知覚、ごく一般的な意味での構造、統一、あるいは形状といった知覚をわれわれの自発的な知覚の様式として考えなければならない[31]」ことに重きを置こうとする。

この見解は暗黙のうちに——誕生から十年ほどしか経っていない——映画に対してアンリ・ベルクソンが課した仮説の重圧から映画を解放することにも貢献した。ベルクソンが『創造的進化』の第四章で示したその有名な見解においては、私たちの知覚と映画の機能が比較検討されているが、それは両者が与えようとしてきた生成の認識を否定するためであった。

これが映写機《シネマトグラフ》の仕掛である。そしてまた、われわれの認識の仕掛でもある。われわれは物の内部の生成に身を入れるのではなく、物の外に身を置き、その物の生成を人為的に再構成するのだ。過ぎゆく現実のいわばスナップ写真を撮るのであり、その連続したスナップ写真はこの現実世界の特性をとらえているのであるから、それらを認識装置の奥にある抽象的で、一様な、見えない生成を追ってつないでいくだけで、その生成そのものにある特性を模倣することができるのである。知覚、知性の働き、言語活動は、普通このように進むものである。生成を思考したり、表現したり、あるいはまた生成を知覚することすら、われわれの内部の映写機の一種を回しているだけと言ってもいいのだ。以上論じてきたことを要約すれば、われわれの通常の認識のメカニズムは、本来映画的である。(32)

これを文字どおりに解釈すると、「これまで一般的に知覚について語られた内容はすべて映画の知覚に当てはめられる」となり、メルロ＝ポンティの講演の要約として読むことができる。しかし、ここで明らかなのは、メルロ＝ポンティがベルクソンの前提を転倒すること、つまり〈われわれにとって自然な知覚とは分析的ではなく総合的であって、まさにそれゆえに知覚は生まれながらにして映画の性質とみなしうる〉という前提に立って、ベルクソンとよく似た結論に至った点である。じっさい、このような総合的性質のなかに、知覚された形式という単位と映画のシークェンスという単位をわれわれにもたらすために必須の力学が働いていることは確かである。その力学は、ベルクソンが考えるように〈技巧的〉であるどころか、われわれの知覚に真実をもたらす役割を担う。

これらすべてを照らし合わせると、メルロ＝ポンティの講演が――ロドリゴの評言を使うならば――「映像の意味作用という力そのもの」には専心しなかった理由がよく分かる。じっさい、このような力に専心することは、モンタージュにはほとんど現れない――むしろその結果である〈時間的形態〉という性質のなかに現れる――映画表現の特性を見逃してしまう恐れがある。クレショフ効果に関する言述が示すように、メルロ＝ポンティが注目しているのはこの特性である。彼が「映像自体」に専心しようとはしなかったのはそのためであって、それに専心することは、まさに映画を「原子的」要素――メルロ＝ポンティがその要素に還元したとロドリゴが批判した――にしてしまうからである。

それとは反対に、メルロ＝ポンティが示している映画の特性は、彼に映像への関心を失わさせるどころか、むしろ映画にとって「各映像の持続[33]」がいかに重要かという考えを強めさせ、「ことばと沈黙の交替は映像の最大効果を狙って[34]」いることを想起させる。つまりモーリス・ジョベール[五]の言葉にならえば、メルロ＝ポンティは「映像の内なるリズム[35]」を強調しているのだ。

じっさいに、ジャン＝ピエール・シャルコセ[六]は、このような映画の特性に基づいて次のように説明している。

ある一つの映像を知覚することは［……］、それ自体が組み込まれたシークェンスの知覚に依存している。同一のショットが、その前か後にくるショットによって違って受け取られるのも、そのためである。このようなゲシュタルトは、映写に「時間を取る」ということだけではなく、なによりも一つのショットの意味が継続する時間にしたがって様々に変化するという点で、時間的である。したがって、第一の結論として次のことが言えるだろう——映画は、それを構成する映像よりもその映像のリズムによって意味づけられる。[36]

この結論には別の含みがあって、それは映画の外見上のリアリズムの基底を担うフィクション性を明かすことにある。メルロ＝ポンティは「両義性を維持しているもの、それは［……］映画に確実にある根本的なリアリズム」だとした上で、「しかし、この見解とは、われわれが実人生で映画が物語る出来事に居合わせたときに見聞きするであろうことを、われわれに見聞きさせるように映画が運命づけられていることを意味してはいない[37]」と書いている。

このような、映画のフィクション性と外見のリアリズムは、カントの美学を明確に拠りどころとする観点から読み取ることができる。そしてこの特性は、とりわけカントが『判断力批判』の第四十九節で示した「美感的理念」の定義にかかわる箇所で顕著にみられる。芸術家の想像力によって念入りに作り上げられ、芸術家が創造した作品の美しさによって体現される美の諸理念は「多くを考えさせる(38)」きっかけを与えるが、完全に概念化できたり概念的に示しうるわけではない。メルロ＝ポンティの考えによれば、映画において「身振りからある一つの身振りの意味がじかに読み取れるように、映画の意味はそのリズムと一体化しており、映画はそれ自体で意味が完結している。そこでは理念が生まれいずる状態に還元されている(39)」、つまり概念なき形態に還元されるのだ。その結果、理念は感覚的な表現とは区別できないことが明らかになる。

理念は映像の時間的形態から生まれいずるのだが、それは一枚の絵において諸部分の共存から理念が生まれいずるのと同じだ。〔……〕映画は、前に物が意味すると述べたように、意味するのである。映画も物も別個の悟性に語りかけるのではなく、世界や人間を暗黙のうちに読み解いてそれらと共存するというわれわれの能力に語りかけるのだ(40)。

ここでは、やはり「新しい心理学」と同時代の芸術および哲学のいくつかの傾向が一致するというメルロ＝ポンティの確信があらためて示されている。ここに共通する意図とは、フッサールが現象学の仕事を定義するのに用いた有名な言葉によれば、われわれに世界を見ることを教えることであるように思われる。メルロ＝ポンティも以前、それに応じて「新しい心理学」の目的について、「われわれが存在の全面で触れているこの世界を見ることを改めて教えている」[41]とはっきり書いている。さらに、このフッサールの言葉への応答は、プルーストの文学実験やパウル・クレーの絵画実験に通じる表現にもはっきり見て取ることができる。じっさいに、プルーストは『失われた時を求めて』第一篇のなかで、ヴァントゥイユのソナタの「小楽節」について次のように書いている。「内に潜む悲しみの魅力、これこそ小楽節が模倣し再創造しようと試みたものだった。その経験がないすべての者には伝えがたく軽薄に感じ取られるその魅力の本質までも、小楽節はつかみとり、見えるようにしたのだ」[42]。そして、すでに確認したように、「創造者の信条告白」の冒頭に現れる「芸術とは目に見えるものを再現することではなく、見えるようにすること」という先ほどの一文も、これと同じ表現からなる。一方メルロ

=ポンティは「映画と新しい心理学」の結論に向かう過程で、前の章でも見た『見えるものと見えないもの』の研究ノートが示す理念に先立つ哲学理念を提唱している。

　現象学ないし実存哲学の大部分は、世界への自己の内属と他者への自己の内属に驚き、この背理と曖昧さとを記述して見せ、古典主義者が行ったように、幾分か絶対精神の助けを借りて説明するかわりに、主体と世界、主体と他者の結びつきを見せることから成り立っている。(43)

メルロ=ポンティの講演が二部に分かれていることについては、すでに述べた。第一部の主題は新しい心理学、第二部は映画であり、それらの間には区切りを示す表記がある。第二部の終わりにも同じような表記があって結論を指示している。先ほど引用した文が現れるのは結論部分である。結論では、それまで二人で舞台を分かち合っていた概念上の主役の間に、観客の立場に置かれていた第三の人物が加わる。これこそが哲学であり、より正確に言えば「現代哲学(44)」である。それからの啓示は、「新しい心理学(45)」と映画からの啓示との自然発生的だが特有の一致を見るものとして述べられている。メルロ＝ポンティは講演で一度も触れなかったが、このような考えからベルクソンの哲学が対照的に想起され、それによってメルロ＝ポンティはたぐいまれな手法で未来を担うシネアスト一般に「現代の心理学」の結果を紹介し、ベルクソンが行った映画への断定的判断に公然と反駁しようという、対決にも見える示唆を与えたのではないだろうか。

それとは対照的に「現代哲学」――メルロ＝ポンティがたぐいまれな存在である――の動機には、「新しい心理学」と映画への関心、ならびに、それらと強く結びついた形式がうかがえる。その傾向はなによりも映画に強くみられるのだが、彼はその理由を次のように説明している。「［哲学とは］概念をつなぐことではなく、意識と世界との混淆や肉体との関わり、他者との共存の叙述であって、しかもその主題がじつに映画的であるからだ(46)」。

クリスチャン・メッツ(七)はこの講演を振り返って考察し、一九六四年に次のように解釈している。

メルロ＝ポンティの「映画と新しい心理学」に関する講演以降、映画はそこかしこで「現象学的」と称される角度から定義ないしは検討されるようになった。それによれば、映画のシークェンスは生活の情景と同じように、その意味をそれ自体のうちに包含しており、そこではシニフィアンとシニフィエを区別することがほとんどできない［……］これこそ配列をめぐる、かつてとはまったく異なる概念である。卓越して「現象学的」芸術である映画、シニフィエの全体と共通の外延を持つシニフィアン、スペクタクル自体が意味を持って本来の意味での記号そのものと直結すること(47)……。

続けてメッツは、この考えから影響を受けた人々の長いリストを挙げている。

これが――要するに――E・スーリオ、M・ソリアノ、R・ブランシャール、G・マルセル、G・コアン＝セア、A・バザン、M・マルタン、A・エーフル、G・A・アストル、A・J・コーリエズ、B・ドール、R・ヴァイヤン、D・マリオン、A・ロブ＝グリエ、B・ザッゾ、R・ザッゾをはじめ、多くの人々が論文で述べたことである［……］。この考え方は強調されすぎたきらいがあったかもしれず、たぶんそうである。映画とは、やはり人生ではなく、作られたスペクタクルなのであるから。しかし、今はそのことには触れないでおこう。そして、映画に関する幾多の考え方が辿ってきた歴史的展開のなかで、ある一致が見出されるという事実だけを確認しておきたい[48]。

クリスチャン・メッツがメルロ゠ポンティの講演によって眼を開かれた観点には、両者が生きた時代に登場したヌーヴェル・ヴァーグの作品に固有の特性が明らかにされているのが分かる。したがって、ヌーヴェル・ヴァーグをもっとも強く象徴する監督の作品のなかで――そこには、メルロ゠ポンティが講演の結論とし、メッツが約二十年後に言及することになる――「一致」の考え方を含む科白が引用されていても不思議ではない。

哲学者と映画作家《シネアスト》は、ある存在の仕方と、ある世界観――一つの世代の世界観――を共有している[49]。

この科白が登場する映画とは『男性・女性』であり[50]、監督はもちろんジャン゠リュック・ゴダールで一九六六年に公開された。同じ年にフランスではロベール・ブレッソン[八]の映画『バルタザールどこへ行く』も公開され、「カイエ・デュ・シネマ」一七七号に「バルタザールの遺言」というタイトルの論考が掲載された。[51] これはゴダール本人とメルロ゠ポンティが、ブレッソンの映画の主役である無垢なロバのバルタザールを通して考察した時間、他性、死、コギト、自由に関する論集である。ここには、共著者であるメルロ゠ポンティの死後五年を経ていたにもかかわらず、彼がパリ高等映画研究所の講演と同時期に書いた『知覚の現象学』からの引用が随所にうかがえる。

## 映画における運動の問題

ここで、メルロ゠ポンティが哲学者と映画作家の世代的一致を指摘してゴダールを高揚させた文章に戻り、それが後の考察でどのような展開を見せるのかを追っていきたい。

このような世代的一致という仮説——理論上はなかなか慎重であるが、率直なところ少々狭い見方――が明らかに存在論的な意味で修正されていくのに、かれこれ十五年の歳月が費やされている。そのことは、メルロ＝ポンティが準備を進めながらも、突然の死によって執筆が途絶えた「デカルトの存在論と今日の存在論」と名づけた講義のための要録に見て取れる。この要録は講義の内容を次のように提示し、「デカルトの存在論と今日の存在論」というタイトルをつけるきっかけとなった主題についてこう強調している。

それは、普通の意味での哲学史ではない。［普通の哲学史は］人が考えてきたこと、つまり、いま人が考えていることの枠組みと地平のなかで考えてきたことであり、その考えを理解させるために述べたことである。目指すのは、現代の存在論である。現代の存在論から出発し、ついでデカルトとデカルト派に向かい、ついで今日の哲学たり得るものに戻ること。[52]

この講義はじっさい、現代の存在論に哲学的形成を促すと同時に、現在までは――すでに見たように――「おのずと生まれる哲学のすべて、根本的な思考[53]」に哲学的形成を促そうとしていて、「とりわけ文学に[54]」その表現を見出してきたが、それはまた芸術にもみられ、この点に関してメルロ＝ポンティは「(絵画－映画)[55]」と括弧つきで特記し、その二行下に「アンドレ・バザン、映画の存在論[56]」と書き加え、さらにその数行下で次のようにまとめている。

諸芸術の
映画、映画の存在論——例　映画における運動の問題[57]。

この講義録は、映画が行ってきた色々な試行錯誤のなかに、絵画と現代文学が描いてきたものと同じ方向性を必ず探り当ててみせるとしており、メルロ＝ポンティはこの講義で「新しい存在論」の概要を示して、それを「哲学的に定式化[58]」しようとした。

右の引用で見たように、彼はとりわけ「映画における運動の問題」を例として取り上げることによって、絵画と現代文学に共通する方向性を示そうとしていた。それゆえ、メルロ＝ポンティが晩年に残した映画についての別の二つの短い思考の跡が、まさにこの問題を取り上げているのは驚くに値しないどころか、一層興味をひかれる。

その跡の一つは『見えるものと見えないもの』のある章に現れるのだが、メルロ＝ポンティ自身が後に章立てを変更したため、この章はクロード・ルフォール編纂の遺著では「補遺」に含まれている。（九）私が今言及しているその考察は、迂遠な数行からなっており、その前半部分ではベルクソンが映画を非難した根拠を批判的に想起しているように思われる。

映画の映像は非連続であると言うのは、観客の眼は映像をつないで見せる運動の現象的真実については何も証明しないばかりか、現実の世界が動体なき運動を含み持っていることも証明しない。動体とは知覚する者が投映するものだということは確かにありうるだろう。[59]

映画を念頭に置いたもう一つの跡は、運動の様々な芸術表現の比較のなかに見られ、メルロ＝ポンティはそれを『眼と精神』のなかで展開している。そこでは、じっさいに次のように書かれている。

マレー（一〇）の連続写真、キュビストの分析、デュシャン（一一）の「花嫁」は動かない。それらが示すのは、運動のゼノン的空想である。そこに見えるのは関節が動くようになっている鎧のように硬直した身体で、それは魔法のようにここにもそこにもあるが、ここからそこへ行くことはない。映画はわれわれに運動をもたらすが、一体どのようにしてなのか。一般に信じられているように、場所の変化にもっとも近づいて撮影することによってだろうか。そうではないと推測される。なぜなら、スローモーションは諸物体のあいだを藻のように漂う身体を映すが、自ら動くことはない身体を見せるからだ。(60)

ここでメルロ＝ポンティが強調しているのは、映画的リアリズムの非模倣的な性格である――この見解には明らかに存在論的な幅広さがある――が、映画への言及がこれ以上深められることはなかった。

コレージュ・ド・フランスで一九五二年から五三年にかけて最初に行った「感じられる世界と表現の世界」という講義の要録で、彼は絵画と映画の相関性にあらためて着目し、「絵画と映画における運動の使用」(61)と名づけて、いつもながらやや長めの考察を行っている。この講義のために準備されたノートは未出版だが、エマニュエル・ド・サントベール(62)とステファン・クリステンセン(63)がこのノートを書き起こしており、その写しを頂いたことにこの場を借りて深謝する。

メルロ＝ポンティがこの要録で行った省察から、彼の思考の最終段階で映画の存在論的考察を深めた方向を――少なくとももより明確に――直感することができる。さらに、「感じられる世界と表現の世界」の講義のために準備したノートは、彼がパリ高等映画研究所で行った講演がベルクソンの映画論への暗黙の反論であるという解釈を遡及的に裏づけているように思える。じっさいに、まさに『映画と新しい心理学』が示すように、この要録ではゲシュタルト理論を拠りどころにして知覚が検討されており、この理論が――ここではっきりと――映画に対するベルクソンの立場をしりぞける根拠として用いられている。

その上、すでにこの講義録において、メルロ＝ポンティは運動に関するベルクソンの主張に反論するためにゲシュタルト研究に依拠しており、後に章立てが変更された『見えるものと見えないもの』のなかでも、いくつかが暗に触れられているのが分かる。じっさいに、彼はこの要録のなかで次のように説明している。

場所の移動、あるいは「動くもの」とその目標との関係の変化としての運動は、われわれの肉体的経験の遡及的な図式であり、最終的な定式化である。運動は、その知覚の起点から切り離されると、ゼノン以来たびたび示されているように、表象不可能となって自壊する。だが、運動を理解するためには、ベルクソンが唱えるように内部で生きられる運動、つまり自身の運動に立ち返るだけでは十分でない。理解すべきは、自身の所作の直接的な統一がどのようにして多様な外観へと広がり、客観的な思考の見地からはありえない転移がそこにもたらされるのかという点である。[64]

メルロ＝ポンティは、まさにこの問題について「ゲシュタルト理論の研究[65]」を援用したのであり、私がすでに述べたように、同じ講義録のなかで、やはりこの問題についてマックス・ヴェルトハイマー[一二]――ゲシュタルト理論を代表する論者――のストロボスコープ論に照らして、映画に対するベルクソンの立場を批判的に取り上げている。ストロボスコープ運動とは、背景に投映される高速連続ショットが生み出す視運動であり、映画のシークェンスを統一して知覚させるものである。とはいえ、メルロ＝ポンティはこのような体験から「動体なき運動」が想定されるとはまったく考えていないという点に注意せねばならない。「動体なき運動」という言表は、『見えるものと見えないもの』の「補遺」で映画に関して書かれた短い一節の後半に現れ、一九五二―五三年の講義録でも繰り返し言及されるが[66]、この言表もまさにヴェルトハイマーに基づいている。メルロ＝ポンティは『知覚の現象学』のなかですでに深く考察した見解を再び取り上げて、この「動体なき運動」という言表に同意できない理由を、運動を再び不可解なものにしてしまうリスクをはらみながらも、ともかく「同一の動くあるものと結びついていなくてはならない[67]」からとしている。それゆえ、この要録は「知覚する身体論[68]」を主張して、ベルクソンのみならずヴェルトハイマーにも反論していることになる。このような理論によってのみ「映画の不連続な映像」が生み出す「運動の現象学的真実」が証明可能であり、それが『見えるものと見えないもの』の「補遺」の一節が含む言葉、「動くものはそれを知覚する者によって投映されることもありうる」の意味として理解できる。とはいえ、それが主知主義的な言葉遣いで書かれていたためにメルロ＝ポンティがこの論述を含む章[一三]の発表を差し控えたことも納得できる。しかし、ここでとりわけ大事なのは、身体性に基づいて、運動は直接われわれの経験の外面と内面に同時に書き込まれるという彼の主張を認め、心に留めることである。同じく、この目的のもとにメルロ＝ポンティは一九五二―五三年の講義要録で「形象的なもの〔figural〕」という概念を用いるが、それは深層の形象《フィギュール》をとらえるわれわれの知覚特有の解体不可能な性格を示すためで、〈ゲシュタルト心理学〉が主張したように深層の形象そのままに解体不可能な性格を示すためではない。要するにメルロ＝ポンティは、私たちの運動の経験の本質的な一体性を説明するためにこの語（形象的なもの）を用いたのだが、それに対して彼の考えによれば、「〈ゲシュタルト〉は、諸々の形象化の瞬間を、因果律に従って第三者で組織化が起こる過程を決定する客観的な条件とみなしていた」[69]。そこで、クリステンセンの文章を引用したい。彼は書き取ったノートをもとに、メルロ＝ポンティに準じて次のように説明している。

> ストロボスコープ運動の構造とは、われわれの「生来の知覚」の構造でもある。〔……〕われわれの視覚による知覚と映画技術によって運動を作ることは本質的に似ていることから、メルロ＝ポンティもこの考えに基づいてじっさいに映画を取り上げた。彼はベルクソンの『創造的進化』第四章の冒頭にみられる「われわれの身体は〔……〕それに固有の構

造によって知覚されたものに形を与えること［……］を認めなくてはならない」をもとに、映画の装置は「決して〈幻想〉ではない」と書いている。[70]

メルロ＝ポンティは自説を裏づけるために、ある映画作品を直接参照しているのだが、それは彼の講義要録のなかで明確に引用された数少ない作品の一つである。それはジャン・ヴィゴ[一四]の『新学期　操行ゼロ』であり、直接引用されたのは、スローモーションで撮影された有名なシークエンス、つまり中等学校《コレージュ》寄宿舎の大寝室での蜂起の場面である。これは一九三三年の傑作で、検閲のため一九四五年まで上映禁止となったが、後に古典に位置づけられ、とくにヌーヴェル・ヴァーグの賛嘆の的になった。[71] ジョルジュ・サドゥール[一五]はそのシークエンスを「映像の二分音符長調のシンフォニーのような音楽が素晴らしい[72]」と想起している。そこでは、スローモーション撮影によって、パジャマ姿の中等学校の生徒たちが、裂かれた枕から大寝室の空中に舞い上がる羽根のなかを、まさにスローモーションで跳ねて行く。講義要録では、このシークエンスにまつわる箇所すべてにモーリス・ジョベールの名が括弧つきで記されている。ジョベールは第二次世界大戦前のフランスでもっとも偉大な映画音楽の作曲家であり、映画における「音楽の役割」について彼が行った考察は、メルロ＝ポンティの「映画と新しい心理学」[73]にも引用されている。『新学期　操行ゼロ』の作曲を手がけたのもジョベールだが、メルロ＝ポンティが引用したシークェンスについては次のように説明している。

作曲家は、夜中に蜂起する子供たちの連続する乱行進（じっさいにはかなり幻想的にスローモーション撮影された）に伴奏をつける必要があった。彼は非現実的な音色を用いようとして、必要な音楽を一度完成させた後、その順序を逆に書き写し、最後の小節を最初の小節の前に、その小節の最後の音符を最初の音符の前に移し換えた。このような形式で録音された曲は、もとの音楽とはおよそかけ離れたものとなった。こうして作られた音楽を映画のなかで聴いてみると、最初に作られた旋律の輪郭は認識できるものの、それが「発出する」ものは完全に反転している。その神秘はすべて単純な機械操作に負っているのだ。[74]

これは、メルロ＝ポンティの講義要録にも書かれているように、もとの音楽の反転とスローモーションの使用が作り出した効果によっている。さらにこの講義要録では、『新学期　操行ゼロ』のシークェンスが観客に掻き立てる「非現実」で「不思議」な印象を強調してジョベールの説明に呼応しているように見える。ここからも、メルロ＝ポンティがこのシークェンスに特別の関心を抱いていた理由が分かる。じっさい、彼はこのシークェンスを、通常の知覚と映画の知覚に共通する一つの論理《ロジック》の存在を認めることに反論するための証拠と見ている。これは、映画の知覚は通常の知覚の幻想的な再現にほかならないと考えたベルクソンとは反対の考え方である。『新学期　操行ゼロ』のシークェンスがスローモーション撮影と音楽の反転によって逃れようと試みたのもこのような知覚の論理[75]であり、まさにそうすることで現実感喪失の効果がもたされたのだ。講義要録に次の一節がみられるのも、そのためである。

> 管楽器の音色は、その性質のなかに音色を生み出す息づかいとその息づかいの生体のリズムの特徴を含んでおり、そのことは普通に録音した音を反転して発する音からわれわれが受け取る不思議な印象から分かる。運動とは単なる「移動」ではなく、その音形や音質の生地に書き込まれており、それらの存在を啓示するもののようだ。[76]

このような箇所はほかにもある。『新学期 操行ゼロ』のシークェンスを詳しく検討してみると、メルロ＝ポンティが八年ほど後に、『眼と精神』の先ほど引用した一節で言及しているのも間違いなくこのシークェンスについてである。そこで彼は運動の映画的表現の主題について——じっさいはやや謎めいた言い方で——「スローモーションは物体の間を藻のように漂う身体を映し出すが、その身体は自ら動いているようには見えない[77]」と断言している。確かに、ここで考察されているシークェンスでは、身体そのものが羽根のように、あるいはビル・ヴィオラ(一六)の天使のようにゆっくりと空中を飛遊し、まるで藻が漂っているようである[78]。

私が先ほど述べた映像とその考察の文脈で『眼と精神』を読み返してみると、明確な主張として確認されるのは、映画が与える運動の知覚の否定ではなく、私たちが運動により近づいた再現を知覚すればするほど、その知覚は現実に近づくという考えへの批判であることが分かる。ところが、このような知覚は私たちの身体を世界にじかに結びつけている知覚の論理をゆがめるものでしかない。その結果、スローモーションで投映された私たちの身体に似たものの一つの行動をその身体は認識できず、それらが私たちの身体とはまったく異なる世界、むしろ藻の世界のようなところに棲んでいる様子を観察していると思うだろう。それはまさに知覚の論理が、私たちと世界とが直接的かつ根本的に一つであることを示しているのであって、その論理によれば、私たちが生きている運動と世界で起こっている運動を区別して考えることができないからである。この論理はまた、私たちが運動のことを存在内部の運動と述べるのを妨げるであろうが、もしそうだとすれば、存在は動かないと暗に認め続けることになる。じっさいに、ゲシュタルト理論をベースにした様々な実験が示し、映画の実験がそれを確認したように、背景は本質的に運動の知覚に参加するのであって、運動は存在内部の運動ではなく存在そのものの運動として性格づける必要があるのだ。つまり、それは今度は運動存在として顕れることになる。今しがた検討した講義要録の最後に示されるのも、この運動存在である。「したがって、ここでの運動とは存在の顕現、内部の運動配置の結果であって、場所の移動とはまったく別のものである[79]」。

このように、メルロ＝ポンティにとって、映画がもたらした意味とは、西洋の思考の礎をなす二分法を回避するために私たちが進むべき方向性を示したことにある。このような観点から、「感じる世界と表現の世界」の講義要録では「運動の行使」をとくに取り上げず、彼が「映画芸術」という目新しい表現で呼ぶものの実体をこそ考察することを提案している。

メルロ＝ポンティは、一九四八年にフランスのラジオで放送された「談話」のなかで、すでに芸術としての映画の問題を示唆している。

映画はまだ、隅々まで芸術作品と呼べるような作品をそれほど多く提供していません。人気俳優への熱狂、ショットの変化がもたらすセンセーショナルな効果や筋の急展開、数々の美しいシーンや機知に富んだ台詞の挿入といったものはそれぞれ、映画にとってはわくわくするものばかりで、その罠にかかって、映画本来の表現法を顧みずに成功してしまう危険があります――そういうわけで、これまでこれは〈映画〉だと呼べるような作品を殆ど観られないような状況だったのですが、それでも映画作品と呼べるようなものを垣間見ることはできるでしょう。そして、芸術作品はすべてそうですが、それはやはりなにものかであると気がつくでしょう(80)。

ここでメルロ＝ポンティは、映画が「十全に映画である」かぎり、つまり、商業的成功に媚びへつらったり、映画本来の形式をないがしろにして写真や文学のような他の表現形式に追従することを避けるかぎり、「隅々まで芸術作品」として認めようとしている。要するに、メルロ゠ポンティは自立した芸術として存在しうる映画を「映画芸術」と考えようとしている。じっさいに先に引用した一節はこう続く。

映画の美を構成しうるものは、見事に語られる物語そのものではなく、ましてや映画が暗示し得る思想でもなく、ある監督の特性を示す癖、習慣、手法でもありません。それらは、ある作家が好んで用いる語彙が決定的な重要性を持たないことと同じです。大事なのは表現されたエピソードの選択、それらのエピソードからどのショットを映画で表現するか、それらの各要素に当てる長さ、それらを見せる順序、それらにどんな音や台詞をつけるか――これらすべてが、ある総合的《グローバル》な映画のリズムを構成しているのです。[81]

この「総合的な映画のリズム」は、まさにメルロ゠ポンティが「感じる世界と表現の世界」の講義要録のなかで「映画芸術」と呼ぶものに固有の「運動の使用」を肉付けする。[82]
じっさい、彼はこの要録のなかで次のように説明している。

動くものを撮影する手段として、また運動の描出〔*représentation du mouvement*〕として発明された映画は、それによって場所の移動よりもはるかに多くのもの、思考を象徴化する新しい方法、描出の運動〔*mouvement de la représentation*〕を発見した(83)。

なによりもまず、この「発見」にこそ、映画の「芸術」としての性質――クレーが芸術全般に対して求めた模倣的ではない性質――とともにその存在論的新しさがある。このどちらについても、講義要録の数頁先でより明確に理由づけられている。メルロ＝ポンティによれば、

その役割とは、もはや初期の頃のように知覚の対象としての運動ではなく、ある人物を別の人物にシフトさせたり出来事に移行させたりするような観点の変換である(84)。

もう一つ指摘しておかねばならないのは、一つ前の引用のなかでメルロ＝ポンティがまた「描出」という概念を用いている点である。とはいえ、この文章のなかで「発見」が「描出の

運動」という言葉で明示されているのは、まさにメルロ＝ポンティがこの描出の概念を離れ、ヴィジョンの概念を、その全幅の意味において探求しようとしたことを示しており、本書でもすでにみたように、ヴィジョンを「精神の面前に世界の絵や描出をしつらえるような思考の働き[85]」に単純化することを断固拒否することをうかがわせる。

さらに、このような点から、メルロ＝ポンティがアンドレ・バザンの考察に関心を抱いた理由も、よく理解できるように思える。バザンの名は一九六〇―六一年の講義要録にしか登場しないものの、じっさいに晩年のメルロ＝ポンティとバザンの考察には理論面での一致がみられ、ヴィジョンの、つまり映像の新しい存在論的考察の点ではつながっているように思われる。

## 相互歳差の形象としての映像の存在論

このテーマについてバザンが一九四五年に書いた「写真映像の存在論[86]」は、第二次世界大戦後の映画理論を塗り替えた論とされている。バザンはそのなかで、シュルレアリストの写真への取り組みを例に挙げて「想像的なものと現実的なものとの論理的な区別はなくなりつつある。あらゆる映像は物として、あらゆる物は映像として感じ取られるべきだ[87]」と書いている。

一方、メルロ＝ポンティも近代絵画の新しさについて考察し、『眼と精神』のなかで画像を「模写、複製、二次的なもの[88]」、つまり多かれ少なかれそのモデルに忠実なものではもはやなく、われわれと世界との感じる関係からは独立したヴィジョンによって生み出されるものと主張している。これらの引用と同じ時期に書かれた『見えるものと見えないもの』の未完の草稿とまったく同じように、ここでも身体の経験は肉と関係する領野から構成されると考えている[89]。したがって、彼の主張によれば、ヴィジョンは身体の内部からかしいでくるというよりも、この領野の「中心」に突然出現するのである。

われわれの周りの見えるものは、それ自体に安らいでいるように見える。われわれのヴィジョンはその見えるものの中心に生じるかのようだ[90]。

「見えるものの中心に私のヴィジョンを出現させるものとは、見えるものが見る者のなかで折れ重なるのだ」とメルロ゠ポンティは続けて、『見えるものと見えないもの』のなかで、「この襞〔pli〕、見えるものの中心にあるくぼみが私のヴィジョンである」[91]と的確に述べている。見る者であると同時に見えるもの、感じる者であると同時に感じられるものとしての私の身体経験も、「折り重なりや陥入といったもの」[92]のなかに存在するのだ。この条件の下で、私は世界とメビウスの輪[93]とも言える関係を保っている。それによって伝統的に「内側」と「外側」と定義されてきた側面が、ヴィジョンの一つの円環の表でも裏でもあるという考えに通じるのだ。

メルロ゠ポンティは『眼と精神』のなかで、まさにこの円環によって次のことが可能になると書いている。

> われわれは太陽や星々に触れ、同時にいたるところ、遠いもののそばにも近いもののそばにも存在する。そして〔……〕われわれが別の場所にいると想像する能力でさえ〔……〕、それがどこにあろうと、実在するものを自由に志向する能力もヴィジョンに負っているのであり、ヴィジョンから得られた手段を用いているにすぎない[94]。

したがって、想像的なものはこのように了解されたヴィジョンと一体化しており、現実を置き換える機能があるとも、その代替物ともみなすことはできない。想像的なものは現実のたんなる不在ではなく、また現実とはまったく別の何ものかでもなく、私たちが世界との間に保つと感じる類似性の関係から――まさにヴィジョンそのものとともに――芽生えてくるように見える。メルロ＝ポンティはこの類似性を「肉」と呼んでいるのである。この観点から、彼は想像的なものは現実そのものの複製よりも「現実」[95]に近いものであると主張する。なぜなら、想像的なもののなかでこそ、私たちと世界との感覚的、情緒的、象徴的な関係が生じる響き合いが表されるからだ。再び『眼と精神』を見てみると、メルロ＝ポンティは絵の画像を現実の領域との関連で、「初めて視線にさらされた現実の果肉、あるいは現実の肉の裏面」[96]と考えなくてはならないと書いている。この定義を映画の経験自体に当てはめないわけにはゆくまい。

少なくともジャン＝リュック・ゴダールを避けて通るわけにはいかない。じっさいに一九九五年初頭に公開された映画『ＪＬＧ／自画像』のなかで、ゴダールは『見えるものと見えないもの』の有名な一頁から数節を引用して[97]、それらを――書籍版の副題〔*Phrases*〕からも明らかなように――「フレーズ」の形にモンタージュしている。以下はその一部である。

もし私の左手が
物に触れている最中の
私の右手
つまり触れつつある
右手に触れると[98]……

つまり、フランチェスコ・カセッティ[一七]が意味深く『二十世紀の目』[99]と題した本のなかで書いているように、近代絵画とほぼ同年代に生まれた表現形式である映画は、『眼と精神』のなかでメルロ＝ポンティがまさしく近代絵画に見た「人間と〈存在〉の関係の大変化」のいくつかの相をはっきりさせ、それを大衆に広めたのである。私たちはこれらの関係性を、現実に対する模倣的関係性を拒否するというネガティヴな方法で見ることもできようが、メルロ＝ポンティは念入りに推敲した試論でヴィジョンを取り上げており、そこにポジティヴな定義を見出して次のように形容している。

われわれが見たり見せたりするものに対する存在するものの歳差、存在するものに対するわれわれが見たり見せたりするものの歳差[100]。

そこで、私は多くの重要な意味を含むこの不可解で複雑な定義に注目していきたい。「歳差」はフランスのポスト構造主義世代[一八]にはより広く使われている言葉だが[101]、これまでに出版されたメルロ＝ポンティの著書や論文ではただ一度しか使われていない。だが、エマニュエル・ド・サントベールが、未刊の草稿から「歳差」を含むすべての節をリストアップして提供してくれた。心より感謝申し上げたい[102]。

メルロ＝ポンティは一九五七年初頭に書いたと思われる読書ノートで、初めてこの言葉を用いている。それは、一九五四年に出版されたルドルフ・アルンハイム[一九]の『美術と視覚――美と創造の心理学』[103]という名の本についての読書ノートだが、アルンハイムの本には「歳差」という言葉は見られない。その後、この言葉は一九六〇年からメルロ＝ポンティの書くものに数度現れるが、その最初は、先ほど『眼と精神』から引用したヴィジョンの定義が書かれた草稿である。このことから、メルロ＝ポンティがこの語に関心をもっていたのは確かで、それは「交差」や「侵食」のような――元々「歳差」と並んで置かれていたが、後の草稿で「歳差」に置き換えられた――語で表現される空間的関係よりも、彼が結びつけた用語間の時間的関係に言及していることからも分かる[104]。

　しかしながら、ここで重要なのは、たんにメルロ＝ポンティが空間的関係よりも時間的関係の方をより好んでいたということではない。じっさいに「歳差」という語は、関わりのある両者の関係に逆行する運動によって性格づけられるきわめて特殊な時間性のことで、昼夜平分点の歳差運動、つまり毎年二十分ずつ時間が進むことを指している。

　メルロ＝ポンティがこのような時間的関係により関心を持っていたことは、一九六〇年十一月から一九六一年五月にかけて書かれた『見えるものと見えないもの』の「大要録」草稿でも、より明確に示されている。その要録に含まれる一九六〇年秋に書かれたノートのなかで、メルロ＝ポンティは初めて「歳差」という語を用いている。

　　円環性と歳差　見る者―見える物、沈黙―語り、私―他者[105]

しかし、この定式化、それに続くノートで意味深長に書き換えられている。

円環性、むしろ歳差

見る者―見える物
沈黙―語り
私―他者[106]

「大要録」の同じ頁で、メルロ＝ポンティは「歳差」という語の意味を天文学の別の表現を使って「他体をめぐる引力[107]」と説明しようとしている。この表現は関わりのある両者の間の相互関係――これは空間的であるが――を示唆している。

相互関係についての『眼と精神』の論述は、時間的形式のなかの相互性の側面を明らかにしている。というのも、そこでは「歳差」が、その関係に含まれる二項間の相互侵害運動と性格づけられているからである。メルロ＝ポンティはじっさいに次のように定義している。「われわれが見たり見せたりするものに対する存在するものの歳差、存在するものに対するわれわれが見たり見せたりするものの歳差、それこそがヴィジョンなのだ」。メルロ＝ポンティは、まさにこの相互侵害を根拠に「歳差」という言葉を用いたのであって、この言葉によって「存在するもの」と「われわれが見たり見せたりするもの」の相互関係を説明した。そして彼によれば、それこそがヴィジョンを定義する。メルロ＝ポンティが定義したのは、要するに相互性としてしか存在しえない歳差なのだ。諸物に向けられたまなざしの歳差は、まなざしに向けられた諸物の歳差と同様に、「現実のもの」に対する想像的なものの歳差——なぜなら、想像的なものは私たちに現実のものを見せることで私たちのまなざしを方向づけ、それを養うためであるとともに、想像的なものに対する「現実のもの」の歳差なのだ。このように、二つの項のどちらが先にあるのかは決めがたくなる。別の言い方をすれば、二項のどちらが最初のものので、どちらが——メルロ＝ポンティの表現を借りると——「二次的なもの」と考えたらよいのか確定できないことになる。さらに——今度はバザンの表現を借りると——運動と動体の「論理的な区別」を維持するのも難しくなるだろう。[108]

じっさいに、相互歳差という考えによって空間と時間内の絶対的な前（あるいは空間と時間の「前」）という考えは無効になる。この思考法は、現実を絶対前提とみなす私たちの考え方が相変わらずいかにも形而上学的であるかを明らかにし、これまでとまったく異なる方法で現実を考えさせようとする。

したがって、その方法で考えていくことにしよう。相互歳差とは明らかに時間の逆行であって、時間にある独特なくぼみを作るものである。そのことをメルロ＝ポンティは『眼と精神』のなかで「見えるものの太古からある基盤[109]」と述べているが、時間の奥行も、このような意味でとらえるべきだと思う。メルロ＝ポンティはプルーストの『失われた時を求めて』に再び触れて、一九六〇年四月付けの『見えるものと見えないもの』の研究ノートに次のように書いている。

> 無意識と過去とを「不滅なもの」、「時間を越えたもの」とするフロイト的観念――時間を「諸経験〔*Erlebnisse*〕の系列《セリー》」とする通常の観念の排除――には建築的な過去というものがある。プルーストを参照せよ。真のサンザシとは過去のサンザシである〔……〕。この「過去」は神話の時間、時間に先立つ時間、「インドや中国よりはるか昔の」前生に属している[110]。

さらに彼は『見えるものと見えないもの』の草稿で、すでにこの「神話の時間」においては「ある〈始まりの〉出来事の効果が持続する」[111]と明言している。私の考えによれば、このような時間の深みこそ、まさに「われわれが見ており見させているものに対する存在の歳差、存在に対するわれわれが見ており見させているということの歳差」によって穿たれ、作られるものなのだ。じっさい、この歳差は無限に相互的なので、私たちを年代的な過去に連れ戻すことはない。この歳差が連れ戻すのは決して現在であったことのない過去、すなわち「神話の時間に属する」過去である。それは、私たちの無意識のなかで作用する「太古の」時間というこの特別な類に関わることから、上に挙げたメルロ゠ポンティの一節には不滅性が示されており、「記憶の出来事の不滅性、[……]可変性、そしてアナクロニズム」がこの時間性を定めるとディディ゠ユベルマンが述べたとおりである[112]。したがって、この時間性はまさにプルーストによって想起された無意志的記憶とも関わるであろう。別の言い方をするならば、ここでは特別な時間性が問題であり、その内部でわれわれの人生経験が「能動的忘却［oubri actif］」[113]といったものによって「肉の本質」[114]、「感受される理念」[115]として無意志的に生成されるのである。これらは神話的に送り返され、ベルクソンが「真実の退行運動」[二〇]と呼んだもののおかげで、そのものとして沈殿する。そのようにして、つねにこの「建築的な過去」のなかで活動しているのである。つまり、私がすでに示そうと試みたように[116]、神話の時間とは特別な時間であって、メルロ=ポンティが「感受される理念」と名づけたものが生きているのもそこであり、この言葉が示唆するのは、この理念がその感覚的描出（つまり視覚的、言語的、あるいは音楽的画像[117]）とは切り離せないだけでなく、なによりもその理念がそれらの同じ画像によってそれら特有の深みとして作られるということである。その結果、これらの画像は、感受される理念が生きる神話の時間を共有するのだ。この点について、『眼と精神』の一節を以下に引用したい。

［サルトルの］『嘔吐』で語られるように、遥か昔に亡くなった王の微笑みは画布の表面に現れ、繰り返し現れ続けるが、それは画像として、あるいは本質としてそこにあると言うのではまったく不十分である。私が絵を見つめるやいなや、微笑みそのものがかつての生気を漲らせてそこにあるのだ[118]。セザンヌが描こうとして、その後ずっと過ぎ去っている「世界の瞬間」、その瞬間を彼の画布はわれわれに投げかけ続けている。彼のサント・ヴィ

クトワール山は世界の至るところで描かれ、繰り返し描かれており、それらはエクスに聳える硬い岩稜とは別のものだが、それに劣らないエネルギーを含んでいる。[119]

メルロ＝ポンティが晩年映画に向けた関心は、このように明らかに「運動の問題」に集中しているが、彼がとりわけプルーストの『失われた時を求めて』を通して考察した神話の時間こそ、映画映像で働き続ける時間にほかならないと私は考える。[120] それなくして映画は二十世紀にもっとも影響力のある神話体系の一つを与えることはなかったであろうし、同じくもっとも人気のある精神分析的な練り上げを行う余地を与えることもなかったであろう。より一般的に言えば、メルロ＝ポンティが『眼と精神』で示した定義が、たんなる相互参照の形象というよりもむしろ相互歳差の形象として、二十世紀の芸術実験を通して徐々に映像に認められてきた地位を特徴づけるようになったと思われる。[121] 十九世紀のあらゆる表現形式にも増して、映画はこの地位をじつにはっきりとさせたので、――メルロ＝ポンティの言葉に従えば――「現実と想像の裂け目に疑義を差し挟むのに十分[122]」であった。このような見解のもとで「それは映画に似ている」、「それは現実のようだ」といった発言の相互歳差が多くの意味を与えるのである。そして、やはりこの見解から、メルロ＝ポンティが絵画について述べたパラドクシカルな経験を映画はわれわれに身近なものにしてくれる。

私が眺めている画像がどこにあるのかを言い当てるのは困難だろう。なぜなら、私は画像を、物を眺めるようには眺めていないし、それがある場所に定着させようともしないからだ。［……］私は絵を見るというよりは、それによって、あるいはそれとともに見ているのだ。(123)

そこでもし映像が「二次的なもの」でないとすれば、それはやはり映像と「あるもの〔ce qui est〕」との相互歳差によるものだと言えよう。そして、私たちが映像「によって、あるいはそれとともに」見ているのも、まさにこの相互歳差のおかげである。映画は、メルロ＝ポンティが示した三つの構成が私たちの経験のなかで結びついていることを明らかにしたが、私たちはそれらの含意と結果から哲学を始めたばかりである。

# 第五章

# 肉の光

## ——メルロ＝ポンティ晩年の思考にみられる反プラトン的理念とネオプラトニズムの痕跡

私が今日の芸術を愛するのは、なによりも〈光〉を愛するからだ。

——ギヨーム・アポリネール

## 「光の新しい理念」

これまでの分析からはっきりと言えるのは、メルロ＝ポンティが映画にささげた考察には、現れ——ここから現象学という呼び名そのものが生まれた——への計画立った注意が全体性を優先する思考と結びつき、それを糧にしてきたということであり、ゲシュタルト理論はその全体性によって知覚された現象の分解不可能性を主張した。このことは一方で、彼の考察を、われわれの身体を世界に結びつける独特な論理によって操作されるモンタージュのような知覚概念に向かわせる。他方、このことは、現れ自体の向こうに真実を位置づける思考である形而上学とは異なり、つねにそれよりも深い批評性を含んでいる。晩年のメルロ＝ポンティはこのような批評によって、伝統的な対立に従わずに真実が与えるものをつかもうと試みたのである。伝統的な対立とは、プラトンの洞窟の寓話が示す〈現れているものの虚影〉と〈真実から発する光〉のような光と影の間の本質の補完関係に基づいている。メルロ＝ポンティがコレージュ・ド・フランスで行った最後の講義で一貫しているのは、彼が「ヘーゲル以後の哲学と非‐哲学」と題した講義のための要録のなかで「光の新しい理念」と定義したものの探究である。そこでは、次のように説明されている。

真実は曖昧〔*zweideutig*〕な自己から生まれる［……］。〈多義性〔*Vieldeutigkeit*〕〉は真実の光から排除すべき影ではない。(1)

もちろん、これはやはり現れを見せる表面の存在論の復権が必要であると示唆しているにすぎない。この表面を、真実を隠しているヴェールとみなして、それを持ち上げたり穴を開けたりしようと考えるのではなく——地と図の関係やストロボスコープ運動の知覚のように(2)——真実を明らかにする映像を見させる決定的な条件の存在を証明するような画面〔écran〕としてとらえるべきなのだ。それゆえ、この復権の特性とは、真実が与えるものを、演劇的な配置——開幕とともに始まるいわゆる再現描写的な配置——から映画的な配置への移行につれて漸進的に違った形で把握することなのだろう。

要するに、表面の存在論の復権とは、画面をヴィジョンの可能性の条件としてとらえさせることであり、光と影を不可分とみなす「光の新しい理念」と一体をなすことにほかならない。影と光が共に生じ、相互に生じるという真実を見えるようにするのは、まさに画面の本質だからである。メルロ＝ポンティが晩年の講義で、この問題を考える際に比較検討した著者には、ヘーゲルとニーチェ[3]のほかにシェリング[二]（私はとくにシェリング思想の偉大な専門家であるイタリア人のフランチェスコ・モイゾ[三]——残念ながら数年前に亡くなった——の解釈をもとに考察したい[4]）、デカルト（本書では間接的に言及する）、そして私がなによりも中心に置くプルーストがいる。これらの言及に加えて晩年の原稿と講義要録に繰り返し現れるヘルメス・トリスメギストス[四]の一節が指摘できる。それは画家ロベール・ドゥローネ[五]が一九二一年に書いた（パウル・クレーがドイツ語に訳した[5]）重要な論文の抜粋であり、メルロ＝ポンティは『眼と精神』のなかで、その一節を明確に取り上げている。ドゥローネの論文は意味深長に「光」と題され、『ポイマンドレース』[六]の不可解な一文、「やがて闇のとばりが降り……光の〈声〉のような何ともつかぬ叫びが漏れ出る」が引用されたすぐ後に「絵画とは光の言語そのものである」という結論に至る[6]。『眼と精神』のなかでメルロ＝ポンティは、「芸術とは［……］まさにヘルメス・トリスメギストスの言う意味での〈光の声とも思える、何ともつかぬ叫び〉であり、「ひとたび耳にすると、それはいつものヴィジョンの内に、眠れる力、先在の秘密を呼び醒ますのだ。［……］それこそ画家が奥行、空間、色の名のもとに追求するもの、この内なる生気、見えるものの輻射なのである[7]」と確認している。

メルロ＝ポンティの別の講義録には、彼の突然の死によって中断された「ヘーゲル以来の哲学と非－哲学」にも見られるように、ヘルメス・トリスメギストスに呼応する文が再び二度現れる。それは第四章でも引用した「デカルト的存在論と今日の存在論」と題された講義録である。そこでは、現代の芸術と文学が担う存在論の変化の表現に一致が見られ、その一致によって両者の特性がより明確になるのではないかと書かれている。まさに、この基本的評価のなかでドゥローネはトリスメギストスの言葉を引用して絵画を定義するのだ。トリスメギストスの言葉は絵画活動を見ることと見られることの間の可逆性によって説明し、そこにメルロ＝ポンティは自説の例示を見るのだが、それはつまり、能動性と受動性の区別のなさによって存在自体の反射性、ネオプラトニズムの言葉にならえば「光」の反射性が表現される――まさに「声」が出る――ことである。つまり、これらの表現はデカルトの存在論が定めた主体と客体と真っ向から対峙することを避けている。だが、じっさいにメルロ＝ポンティがヘルメス・トリスメギストスの言葉を二度目に引用した箇所では、それをデカルトの言葉に対峙させて「〈自然の光〉と〈光の叫び〉」[8]と簡潔に書いている。

「デカルトの存在論と今日の存在論」における現代文学に関する用語にも、これと同じことが言える。本書ですでに指摘したように、メルロ＝ポンティはとくにプルーストの作品、なかでも次のような概念が現れるページについて詳細に論じている。「われわれはプラトン主義と呼ぶが、それは認知しうる太陽のない観念、見える光に似せられた観念である」[9]。それゆえ、メルロ＝ポンティが「光の新しい理念」の痕跡を見出したプルーストの数頁が、まさに諸理念の反プラトン的論理を示していてもまったく意外ではない。それよりも意外なのは、むしろメルロ＝ポンティがこの痕跡とネオプラトニズムの主要文献とされる『ポイマンドレース』の一節との間に一致を見出している点である。

## 「認知しうる太陽のない理念」――プルースト

メルロ＝ポンティが言及したプルーストの数頁――彼はあらゆる考察で繰り返しそこに触れているため、本書でもすでに引用した――は『失われた時を求めて』の第一巻にみられるが、そのなかでプルーストは「音楽の理念」を――文学の理念や「私たちの内的領域を多様にし、飾る豊かな所有物としての光、音、奥行、官能の概念」とともに――「知性の観念」から区別している。前者はなによりもまず「闇に蔽われて」おり、ゆえに「知性では窺い知れないが、［それらの理念は］互いにはっきりと区別され、それぞれの価値も意味も異なっている」[10]のが特徴である。

メルロ＝ポンティが死の直前に書いた『見えるものと見えないもの』の草稿で言及していたプルーストの同じ頁を再度吟味していることからも、彼のこの講義ノートはプルーストへの言及が発展する可能性を示していて、一層興味をそそられる(11)。

周知のとおり、メルロ＝ポンティはプルーストが述べた諸々の理念を「感受されるもの〔sensibles〕」と定義し(12)、その理念と感覚的な提示とは不可分であると見なしている。その結果、プルーストの考えは、一方では、私たちの有限な感じるものに与えられているように思われ、他方では「知性の理念」とは異なり、確実で有効につかみうる実体として分離することの不可能性として示される。メルロ＝ポンティがこのようなプルーストの特性を根本的に反プラトン主義の文脈でとらえたのは、そのためである。

講義録は、プルーストがこれらの概念を「とりわけ(13)」光になぞらえる理由の考察に進む。この光は、既に見たように「見える光」なのであって、デカルト的な精神の直観の光ではない(14)。プルーストはじっさいに、次のように書いている。

> 私たちが生きているかぎり、実在する何かの物を知らないで済ますわけにはいかないように、またたとえば私たちの部屋にランプを灯して諸々の物が変貌し、闇の記憶までもが消えてしまったとしても、その光を疑うことができないように、私たちはそれらの概念を知

らなかったことにするわけにはいかない[15]。

メルロ＝ポンティは、「光とは性質〔*quale*〕ではない。それは暗さの不可能性であり、〔……〕明るさは存在の組成なのである。つまり、明るさがある間の光の〈永遠性〉なのだ[16]」と書いている。

光との出会いとまったく同様に、ヴァントゥイユのソナタが発散する「愛と幸福の胚胎」のような諸観念との出会いは、メルロ＝ポンティによれば「世界への、ささやかな永遠性への、以後侵すことのできない次元へのイニシエーション――特異性による普遍性[17]」を与えるものである。そこでもし「見えるものの概念が音楽の理念に似ている」ならば、「輻射による現存[18]」は相互によるものだとメルロ＝ポンティは言っている。その理由を彼はこう続ける。「ここかしこに、光や音楽の理念には、私たちが見ているものではない、背後の理念がある[19]」。これらの理念の把握をはばむ超越性――それらは光と同じくつかみようがないため概念的に把握できない――もその背後にある。とはいえ、これらが光るのは、超越性が――光とまったく同様に――理念に現れることを強いるからだ。これは、かつてスワンとオデットの愛の「国歌」とされた音楽を聴いているときに、愛の特別な理念に生じるものなのだ。

その意味から、プルーストが「光、音、奥行、官能」の概念は「私たちの内的領域を多様にし、飾る豊かな所有物」であり、それによって「私たちが空虚や無ととる自身の魂の窺い知れない意気阻喪させるこの大いなる夜」と書くと、メルロ＝ポンティはそれを評して、「それは魂の夜の現実、無形のもの——なんでもないもの——だが見えるもので〈飾られる〉必要があり、見えるものの裏面のようなものである[20]」と言う。要するに、この「現実」とは、やはりプルーストが書いているように、「私たちの死すべき運命」と一体化することであり、私たちの経験のなかに刻み込まれて、「暗号や裏地」として自己を明らかにするものであって、それは少なくとも「感受されるものの夢幻状態（夢）[21]」のなかに現れることを目的とする。それゆえ、私たちの生と感じられる諸理念との不分離の関係は、メルロ＝ポンティが「ささやかな永遠」と呼ぶものを作り出すのであり、ここでもやはり第四章の最終節で問題にした神話の時間という根強い特性が想起されるのだ。

さらに、メルロ＝ポンティはここで感覚的なものと理念との関係を、最終的に光というきわめて重要な例を用いて解き明かそうとしたが、この解釈はネオプラトニズムが試みた手順とはまったく異なるものである。なぜなら、ネオプラトニズムは光を見えるものではなく形而上学として性格づけるからである。じっさいに、ネオプラトニズムは感じるものを、感覚を超える他性〔*altérité*〕に送り返し続けるという条件でしか受け入れない。そうして——本書の第二章でパノフスキーがプロティノスに注目している箇所でみたように——人間に対して「イデアの世界への見通しを、それ〔内的視線〕にヴェールをかけつつ」[22]開くのである。

メルロ＝ポンティの考えでは、彼が翻訳した本章冒頭のニーチェの一節が示すように[23]、根本的に変化しているのはまさに感じるものの「ヴェール」の問題である。このヴェールは理念を覆い隠すのではなく——光は蔽いの意味深く本質的な構成要素である——それを見えるようにして、光輝く可能性そのものとして己を見出すのだ。そこでメルロ＝ポンティが示唆した「光の新しい理念」の痕跡と、ヘルメス・トリスメギストスの文章が含む光の性格づけとの間の共通点は一体どこにあるのだろうか。

この問いに答えるために、四度目になるがメルロ＝ポンティが晩年に書いた一節のなかの一文を参照したい。この一節は、『見えるものと見えないもの』の「問いかけと直観」という章の一九六〇年十月付の「草稿」に含まれている。彼は後にこの節を書き換えて、「今日の哲学の可能性について」に関する晩年の講義要録とともに出版した。この一節を含む頁全体が同じ問題を取り上げているが、そこでメルロ＝ポンティはとくに哲学が「言語を哲学そのものと存在の間の画面〔écran〕」[24]と考える傾向に異議を唱えている。なぜなら、私たちの感じる経験のなかには「暗黙の意味」[25]が自動的に働いて、言葉が先廻りして発せられ、哲学の言葉までもが発せられるからである。つまり、彼がすでに『知覚の現象学』のなかでフッサールを用いて「美的世界のロゴス」と定義したことや、『見えるものと見えないもの』の研究ノートで、まったく別の伝統にならって「無言のロゴス〔λόγος ἐνδιάθετος〕こそが顕在的ロゴス〔λόγος προφορικός〕を呼び寄せる」[26]と述べたことは——後者についてはすでに述べたが再度取り上げる——、まさしく今検討している一節で「ヘルメス・トリスメギストスが〈光の叫び〉と呼んだもの」[27]になぞらえられる。

そこで、メルロ＝ポンティが述べている言語の「画面」が、存在を見つめるときに立ちはだかるとされてきた越え難い障害となるというよりも、「発せられた」ロゴスの素描を見せるために哲学に差し出すのだとすれば、それはロゴスのなかで明瞭となるものが意味の「叫び」に促され、呼び出されるからであり、今度はその「叫び」が別の画面、別の蔽い、感じられるもののヴェールに自身の光を灯す。その光とは、プラトン主義のように発し隠すというよりも、最終的には見えるようにすることの可能性として現れるのだ。

## ロゴスの散光——シェリング

ここでの考察から——私が最初に述べた内容についてモイゾも強調しているように——「メルロ＝ポンティがシェリングの自然哲学でもっとも興味深いのは、まさに光の概念であると指摘した[28]」理由が分かる。モイゾはじっさいに、メルロ＝ポンティがこの構想のなかに、〈自然〉に〈拡散する理性[29]〉という考えがあることをはっきりと認めており、その動機があったからこそロゴスの「言う－集中する」を予め目指せる〔*pré-tendre*〕と述べている[30]。メルロ＝ポンティがヤスパース[七]の本を引用して、フィヒテ[八]にとって「光は一つの手段でしかなく、〈自然と融合した〔*eingebildet*〕原初的で〔*Urwissen*〕で不滅の知の象徴などではまったくない[32]〉」ということをシェリングが残念に思っていた点を想起しているのもそのためである。

したがって、メルロ＝ポンティは〈明るさとは存在の組成である〉とする構想はシェリングと共通であると考えて、そこに自分の言葉を加えて「このような［……］〈存在〉の意味を否定することは、肉と〈自然〉とのあらゆるかかわりを一切失わせることになる[33]」とまで警告している。もしじっさいに明るさが、私たち自身が属す存在に構造的に拡散している限り（その結果、影との本質的なつながりを保つならば）、明るさは、ある意味の光源に集まるが、「その意味はそれを仕上げる人間がいなければ、まったく意味をなさない[34]」とメルロ＝ポンティは定義する。言い換えれば、この明るさは、私たち自身が織り込まれている肉のなかにすでに拡散している限り、私たちを通して意味の光源に集中しうるということに過ぎない。だからと言って、外から差し挟まれる形而上学の原理や主観主義者の原理（後者は前者の変種にすぎない）を引き合いに出そうとしてはならない。

したがって、メルロ＝ポンティのシェリングへの評言には、やはりモイゾが強調しているように、「シェリングの思想をほぼ忠実になぞっており、メルロ＝ポンティの考察の重要な場を示す[35]」数行があるが、それは以下のとおりである。

光は素材と考えられるが、それはまた別のものでもある。光は繊細で、至るところに浸透し、われわれの視線がうながす領域を探査し、その解読を待ち受ける。光は外観のなかをさまよう概念のようなもので、われわれのために主体的になる以外には主体的存在を持たない。光は世界を知らないが、私は光のおかげで世界を見る。[36]

この考察についてモイゾはこう述べている。「したがって、光とは知である。なぜなら、世界の知は光の外にはありえないが、同時にまた、この知は［……］シェリングが一八〇四年に拡散する理性について語った意味では、たんに光のおかげで世界を見るという可能性だからだ。シェリングはそこから、まだ知とは言えないが、同時に知の基になるであろう知を用意しようとしたのだ[37]」。

## 闇と光の声——ヘルメス・トリスメギストス（コーラとしての肉）

これまでの見解に鑑みて、ヘルメス・トリスメギストスの一文をあらためて考えてみたいが、まずは『ポイマンドレース』からドゥローネが言及しメルロ゠ポンティも取り上げた一節を抜粋する。ここで注目すべきなのは、メルロ゠ポンティがこの一節を一九四五年にアンドレ゠ジャン・フェスチュジエール[九]によって出版された文献学的に確かで入手可能なフランス語版から直接取らず、いつもドゥローネの論文から引用していることである[38]。

トリスメギストスの一文を含む頁は冒頭にみられる。そこから分かるのは、『ポイマンドレース』が瞑想を信じる者に対して啓示としてのヴィジョンを描いている点である。

> そして突如、私の眼前ですべてが瞬時に開き、私は果てしない視野を得る。すべては穏やかで生き生きとした光と化し、それを見る私を虜にした。じきに下方に暗闇が迫り、おそ

ろしく陰気に、まるで蛇のようにくねくねと渦を巻いて立ち現れてきた。そして、その暗闇は水のようなものに変わり、いわく言いがたくゆらぎ、火から立ちのぼるような湯気を吐き出し、名状しがたい呻き声のような音らしいものを発する。その後、火の声にもなぞらえられるような何とも言えぬ叫びを発し、光から出ると……聖なる〈言葉〉が〈自然〉を覆いにやってきて、純性の火だけが水性のものを超えて上方の崇高な界へと飛翔した。(39)

ここで私たちが目にしているのは、プラトンが『ティマイオス』(一〇)のなかで描いた、宇宙のデミウルゴスの神話的復活が呼び起こす宇宙進化論的ヴィジョンであることは確かである。周知のとおり、ティマイオスが語った言葉の第二章で、二つの種から三つの種の考察へ移るにつれて、この神話的復活は拡がって行く。

先の話では最初の二つの種で十分だった。その一つ目は英知的で不変な〈モデル〉の種であり、二つ目は生まれいずるものと見えるものに従属する〈モデル〉の複製であった。そのときは二種で十分と考えていたため、三つ目の種を区別しなかった。しかし、今やこの論証を通して、難解で曖昧な第三の種についてもわれわれの言葉で把握させることが強いられているように見える。この種には、本来どんな特性が備わっていると考えるべきだろうか。それは、なによりもこの種がすべての生まれいずるものを受胎し、かつ乳母〔τιθήνην〕のようなものであるということだ[40]。

したがって、ここで提起されている第三の種とはコーラ〔*chôra*〕であり、プラトンはこれを血統学の通説に従って他の二つの種と結びつけている。彼の復元とはこのように、宇宙進化論的問題を類縁性という言葉で考えることを意味する。

とりあえず、存在の三つの種を心に留めておけば十分である。生まれいずるもの、生まれるものがはらまれるもの、生まれるものがそれに似て成長するもとのもの。さらに、受胎者を母に、その型を父に、両者の中間の性質は子になぞらえるとよいだろう。さらに次のことをよく理解する必要がある。その型が多種多様で、その多様さをすべて見て分かるようにしなければならないとすれば、その型が形成される場となるものは、それがどこか他所から受け容れなければならない姿形がすべて免ぜられるのでなければ、その型を受け容れるのは無理であろう[41]。

一方、ポイマンドレースは、すでに引用した啓示としてのヴィジョンを説明するかわりに、類縁性という言葉を再び用いている。

> この光［……］それはわたし、〈われわれ〉、そなたの神、闇から現れた水性のもの以前に存在するものだ。〈われわれ〉から発した光の〈み言葉〉、それは神の子である[42]。

そこで、プラトンがこの類縁性の血統学的観点のなかで「闇から現れた水性のもの」――コーラ――に当てる特性に注目してみよう。

> それゆえ、生まれいずるものすべての見えるもの、あるいは一般的に感覚の対象であるものすべて、母であり受胎者であるものを、土とも空気とも火とも、それらから生まれる

> いかなるものとも、あるいはそれらを生み出すいかなるものとも呼ばないでおこう。むしろ、これらをある種の見えないもの〔ἀνόρατον〕、形のないもの〔ἄμορφον〕、すべてを受け容れ、とかく厄介な方法で知的なものに関与し、きわめて理解しがたいものだと言えば、間違っていることにはならないだろう。そして、これまで言われてきたことにならって、その本性に到達する限りでは、こう主張することがもっとも正しいだろう。すなわち、それの火化された部分がつねに火として現れ、湿り気のある部分が水として現れ、土や空気の場合も、それらの模像《イマージュ》〔μιμήματα〕を受けいれるにつれ、土や空気として現れるのだ(43)。

この血統学的観点によれば、プラトンのコーラとは要するに、母型としての「第三の種」であり、第一の種——不変のモデル、すなわち理念の種——から模像を受け取って、その感じられる複製を生み出す。

とはいえ、メルロ＝ポンティはドゥローネが引用した『ポイマンドレース』の一節のなかに「種」の記述を見つけて、その外部の原型は知らないが、形が定まらないと同時にそれ自身から手がかりが与えられると思った[44]ようである。なぜなら、それらの闇こそがこの「光の声のような何ともつかぬ叫び」を発するように思えるからである。したがって、この「種」とは形の定まらない闇であると同時に構成されてゆく明るさでもあり、増殖しながら生物と物を共に異化してゆく。つまり、生物と物に個々のアイデンティティを与えるのだが、それらを闇から切り離すわけではない。その闇は、メルロ＝ポンティがたびたび引用するアナクサゴラスの表現を参考にするならば[45]、「共にいること」、つまり同じ肉のなかでからみ合った存在と呼ぶことができる。これはまさに類縁的存在論の原理（「第三の」ではなく、むしろ恒常的分化における差異独自の織地）であり、それをメルロ＝ポンティは「肉」の名で、あるいは本書でシェリングに言及したところでみたように〈自然〉の名の下に追求を試みたのである。自然については、『見えるものと見えないもの』の研究ノートに、まさに「自然こそ肉であり母である[46]」という主張が見られる。

そこでメルロ＝ポンティが究めようとしていたのは、外にあって先行するモデルに照らして作られるのではないコーラである。というのも、まさにコーラのなかで――明るみに出て――変化してゆく画像は互いに響き合い、場合によってはモデルとして沈殿し、そこで産み出されいたモデルであることを明らかにするからだ。とはいえ、これらのモデルは深層では、プルーストが述べた「感受される理念」が示すように、画像と分かちがたい関係に置かれている。そして周知のとおり、その理念が現れる肉と不可分な理念について書くことは――肉が感じるものの「ヴェール」であれ言葉の「画面《エクラン》」であれ――光がほの見えるところにしか透かし見えない光線について書くようなものである。肉の／肉からの〔*de la*〕光、この属詞の持つ二重の意味。光は確かに肉を照らすことが出来る。ただし、それは光が肉自体によって拡散される限りにおいてである。ドゥローネが引用した文のなかで、ヘルメス・トリスメギストスが闇そのものが発する叫びになぞらえているように思われるのも、この光である。

　メルロ＝ポンティにとって肉とは、それが差異によって見えることを条件とする限り可能となる条件である。肉のなかに構成されてゆく明るさがあるのだ。それゆえ、見えるということは、個々の輪郭を描くことであり、輪郭とともにその影をも遮ることである。それゆえ影は、それを生み出した明るさから切り離されない限り、明るさと影は本質的に無縁であると言わない限り、騙すもの、偽るものにはならないであろう。

　さらに、〈神〉に創造的な想像力を与えるネオプラトニズムの諸要素についてあらためて考えてみると、メルロ＝ポンティが画像の創造を可能にする条件として究めようとしたコーラというものが想起され――その創造は、私たちがシェリングの言葉から読み取ったように、いずれにせよ私たちに委ねられている――後にシェリングはその画像の記憶にモデルの形式の下で応じている。

ここで示された多くの要素は、『見えるものと見えないもの』のきわめて緻密な研究ノートのなかで互いに明確化されるのだが、その箇所については本書ですでに言及しており、そこでプラトンがコーラに帰した意味深い決定的特性の一つも言及されている。本章の結論としてこのノートを読んでみたい。

> 私が絵画について述べた「形の定まらない」知覚される世界――繰り返し絵画を描くための不滅の資源――とは、いかなる表現様式も持たないが、あらゆる表現様式を呼び出し、要求し、個々の画家に新たな表現の努力を求める――この知覚される世界［……］は、すべての絵画、すべての言葉、すべての〈態度〉以上のものであり、［……］哲学によってその包括性のうちにとらえられると、およそ語られるようなことはすべて含まれて

いるようでいて、なおそれを創造する余地を残してくれている（プルースト）ように思われる。それは顕在的なロゴス〔λόγος προφορικός〕を呼び寄せる[47]無言のロゴス〔λόγος ἐνδιάθετος〕である——。

# 第六章

# 生と哲学のあいだの感受される理念㈠

## 「無-哲学〔a-philosophie〕」

メルロ=ポンティは、周知のとおり『眼と精神』のなかで、近代絵画においては、私たちの時代の人間と人間自身、他者、物、世界との関係――彼にとってはこの関係の結節こそ、私たちが〈存在〉と呼ぶものを構成している――が過去と同じ方法では示されていないように感じられると書いている。(1)

なぜメルロ=ポンティは絵画をもとにこの考えを示したのだろうか。それは、二十世紀の絵画があらゆる模倣の仮説を公然と棄てたからである。そのことは、私が第三章の冒頭に引用したパウル・クレーの有名な言葉「芸術とは目に見えるものを再現することではなく、見えるようにすること」が証言しているとおりである。一方、一切の模倣の仮説を棄てることが意味するのは、世界が私の眼下に拡がる光景であって、絵画は描写するもので、画布を窓や鏡とみなし、画像を「二次的なもの」とする観念を棄てることである。したがって、模倣の仮説を棄てるということは、暗黙のうちに、次のような概念を問い直すことを意味している。それは〈存在〉をわれわれに対峙するものとみなして、われわれと〈存在〉との関係を伝統的に主体と客体との対立関係として記述するような概念である。この伝統的な見方によれば、世界とは私自身はそこに含まれない「巨大な対象」として現れる。つまり、世界はカンヴァス上の絵であろうと思考による概念であろうと、私が表象するものとみなす光景を構成する。メルロ＝ポンティが『眼と精神』のなかで、「どんな絵画理論も一つの形而上学である」[2]と書いて、絵画論はそれぞれ存在と何らかの関わりを持つ理念を含むと考えているのもそのためである。

とはいえ、メルロ＝ポンティにとって絵画とは、人間と〈存在〉の関係の大変化を示す唯一の参照項ではない。彼は同じ時期に、科学、より正確には二十世紀の諸科学が、いかに私たちの自然のとらえ方を変容させたのか説明した上で、自然に関する科学的概念の変化を存在論全体の大変化の予兆とみなし、この変化は絶対に必要であって支えなくてはならないと主張している。[3] 彼によれば、結局ここで問題となっているのは、現在起こっていると同時に、これから実現すべきプロセスなのである。

メルロ＝ポンティは、絵画、物理学、生物学といった大いに異なるが一致する方向にある諸領域に大変化のプロセスが働いているのを見て、「根本的思考」[4] について語ろうとしているが、既に見たように、彼によれば、その思考を明晰な哲学として実現する方法はまだ見出されていない。つまり、西洋の伝統においてまさに「哲学」と呼ばれてきたもののなかで、この思考を確立するための姿勢と言語はまだ見出されていなかったのだ。

そこで、晩年のメルロ＝ポンティの考えが向かう方向と目的は、私が示唆したばかりの問題を否応なく投げかける。つまり、もし絵画の経験――ならびに文学、映画、音楽の経験――と同様に自然科学から人間と〈存在〉の関係に新しい配置が現れるとすると、西洋で伝統的に築き上げられてきた哲学理念は、この大変化を言い表すのに適した姿勢と言語を引き受けられるのだろうか。あるいは、むしろ哲学理念そのものを再考すべきなのではないだろうか。この場合、哲学理念のどの変化が、人間と〈存在〉の関係における大変化を言い表すために必要になるのか。哲学理念にとって不可欠なこれらの変化は、そもそも可能なのか。そうして、私たちが自身の思考のなかに変化を刻み込むことに成功した場合、それらの変化は、ここまで語ってきたように哲学について語ることを許すのだろうか。

メルロ＝ポンティはこれらの問いに答えるために、コレージュ・ド・フランスでの最後の講義において、一方で、彼が属していると感じるある哲学の伝統に問いかけて、疑わしくも基本的と考えるデカルトの思考や、同じく基本的で、現象学運動のなかでもっとも重要な思想家であるフッサールとハイデガーを参考にしている。他方、彼は関連する他の論究にも着手しているが、それは彼が「無‐哲学の歴史[5]」というたぐいまれな呼び名を与えたものの探究であった。

この表現によってメルロ＝ポンティは、ある一つの系譜――彼によれば、ヘーゲルに始まり、マルクス、キルケゴール、ニーチェへと続き、フッサールとハイデガーに至る系譜――を示そうとした。ここでは、様々な理論の選択を超えた思考の試みが、各々の方法を用いて、伝統的に作り上げられた哲学が探究領域から排除してきた経験の側に立とうとした。それは要するに「非‐哲学［non-philosophie］」の側に立つ思考を企てることである。ヘーゲルが精神現象学の根本原則に従って行ったように、存在の道理とともに出現の道理を説くこと、抽象的思考の道理よりも経験の道理、さらには論理よりも生の要求――たとえば、ニーチェのツァラトゥストラが「わが兄弟たちよ、切に願う。大地に忠実であれ」と叫んだように——説くこと、形而上学という彼岸ではなくこちら側にある道理を説くこと。メルロ＝ポンティによれば、哲学が備えてきた伝統的な同一性に対抗する非－哲学の道理としてこれだけの試みが挙げられる。

　したがって、メルロ＝ポンティが「無－哲学」について語るときに拠りどころにするのは、非－哲学的なものの道理を自身のものにし、それによって哲学的なものの同一性を根源的に変えうる思考である。それは「ヘーゲル以後の哲学と非－哲学」と題された講義録の冒頭の一節からもうかがえる。

> 問題は［……］非－哲学であることによって哲学たろうとする哲学であり、絶対性に到達しようとする哲学である。それは〈彼方〉の実証的な第二の秩序としてではなく、こちら側を求めながらも、それとは別の次元としての絶対性、つまり二重のものに通じているような哲学なのだ——真の哲学は哲学を意に介さず、無－哲学としてある。[6]

これらの言葉から、メルロ＝ポンティが取り組もうとしていた計画の壮大さがうかがえる。

だが、五十三歳で急逝したことで、彼の探究は中断を余儀なくされた。後に残されたのは、彼の思考が示すものを、その探求が持っていた賭け金と同じ水準まで揺らぎなく復元するにはまったく不十分ないくつかの要素である。そして、むしろ問題なのは、二十世紀の自然科学、現代の絵画的、文学的音楽的諸経験、そして哲学の伝統にみられる諸々の思潮と向き合って、思考がそこに己を探し求めるような諸要素である。

メルロ＝ポンティがフッサールを拠りどころに書いているように、重要なのは思考が「考えるべき領域[7]」の境界を定めることにある。それは、私たちが「もう一度考え直すこと[8]」によってしか、それを守り抜いたり再び見出したりすることのできない問いからなる領域である。

メルロ＝ポンティによれば、多くの文化的な徴候は、このように人間と〈存在〉との新しい関係の表現に向かって一つになる。そして、『見えるものと見えないもの』にも書かれているように、マルセル・プルーストと彼の『失われた時を求めて』が、こうした展望の中心の位置を占めていることが分かる。「見えるものと見えないものの関係を定めるのに、感覚的なものと対立するのではなく、その裏地であり深みである理念を描いてプルーストの先を行ったものはかつていなかった[9]」。この引用からも、メルロ＝ポンティが晩年にプルーストを決定的な拠りどころとした理由が分かり、それはここで私が言及している探求によって特徴づけられる。じっさい、この引用が強調しているのは、やはり私たちと〈存在〉との新たな関係に即した哲学の定式化が、感覚的なものと知的なものとの関係を記述し直すこと、つまり非プラトン的な理念とイマージュの理論を経るということであって、メルロ＝ポンティによれば、プルーストは誰よりもそこに向かって先んじていたのである。

　理念の理論とは、明らかに理念生成の理論、すなわちイデア化〔idéation〕の理論を含意しているに過ぎない。だがそれは、能動性と受動性の関係についての新しい概念と密接に結びついている。この能動と受動の分離こそが通常、諸々の理念が到来する「場」を伝統的に性格づけているのであって、私たちが「主体」と呼ぶのも、その場である。ただしこの論点について、私たちはメルロ＝ポンティが遺した断片的な考察に立脚せざるを得ない。したがって、ここから先の考察の責任は私が負わなければならない[10]。

## 理念とくぼみが同時に生起すること

メルロ＝ポンティがプルーストに見出した反プラトン的意図から、どのようなイデア化の理論や理念の起源論が生じうるのかを理解するために、メルロ＝ポンティ自身の一節から始めて、そこからどのような結論が導き出されるのかを考えていきたい。以下がその一節である。

われわれがある旋律を思いつくと、その旋律はわれわれがそれを歌うよりもしっかりと自らわれわれのなかで歌っている。それは歌い手の喉に降りてくるのだ。プルーストが言うように……身体は己が歌うもののなかで宙吊りとなり、旋律は化身してその僕《しもべ》となる。(11)

ここで私たちは、ある理念が生まれるときの記述に立ち会っていると言えないだろうか。そう言えるだろう。私たちはある音楽の理念、つまり「旋律」と呼ばれる理念が生まれるときの記述と向き合っている。先ほど読んだように、私たちがある旋律を思いつくと、「その旋律は、われわれがそれを歌うよりもしっかりと自らわれわれのなかで歌っている」のだ。そこでイデア化とは、メルロ＝ポンティが別の場所で「あるがままにする」という言い方で説明した姿勢に存するのだ。このように、私たちがある旋律を思いつくと、それが「われわれが歌うよりもしっかりと自らわれわれのなかで歌っている」のが真実であるならば、思いつくということはあるがままにすると言えるのであり――メルロ＝ポンティが同じ場面で示唆しているように――それは世界と物に「それらが求める共鳴」(12)を与えることにあるのだ。

ここで再び、先ほどの引用「われわれがある旋律を思いつくと、その旋律は私たちがそれを歌うよりもしっかりと自らわれわれのなかで歌っている。それは歌い手の喉に降りてくる」についで考えてみたい。「あるがままにすること」と了解された「思いつくこと」の本質は、別の表現を使えば、世界との出会いに調和することであるような迎え入れにある。これは三重の意味からなるが、深奥においては統一している。それは、自らと共鳴し始める世界のなかで、自らを存在させて世界との出会いをあるがままにすることである。こうして歌い手は旋律が喉に降りてきて、彼のなかで自ら歌うのを受け容れるのだ。だが、もしこれらが全て真実だとしても、このように旋律を受け容れながらそれを生み出す私たちは、どのように自身を定義できるだろうか。私たちは旋律を受け容れ、この理念の誕生を迎え入れるくぼみ〔*creux*〕であると言えよう。

すでに見たとおり、プラトンはコーラを[13]理念の「受容体」と定義したが、それを再び取り上げるに当たって、私たちの〈くぼみ－存在〉をそのように単純な語で理解するのは明らかに間違いであろう。その理由は少なくとも二つある。まず第一に、そのような理解は、このくぼみを理念が生じる前から存在していたこととし、まさにそのような理念を収容するだけのくぼみとみなしてしまうからである。言い換えるならば、これは暗黙のうちに私たちを純粋な受容性とみなしていることになる。さらに、到来する理念をいつでも収容できる単純な受容体に私たちを還元してしまうことは、この理念があらかじめ「彼方で」そのようなものとして存在し、あらかじめ構成された理念が、私たちが、それであるこのくぼみにいつの日かやってくる定めであることを示唆している。

すでに見たように、むしろ理解すべきなのは、くぼみの誕生――もはや厳密には「主体」とは呼べない――と同様に、理念を描写することは同じ一つの出来事の二面を記述することとして理解すべきであり、それは相互に共鳴するものと性格づけられる点である。その出来事の本質は、まさに理念と私たちの〈くぼみ‐存在〉とが同時に生じることにある。したがって、その出来事が私たちにとって同時に内部でも外部でもある以上、そして内部と外部の出会いのなかで、出会いとして生じるものである以上、それが私たちの内で起こるのか、それとも私たちの外で起こるのかというように考えてはならない。この出会いは出来事として、避けがたく衝撃の放射に照らされる。この衝撃は、私たちを世界に結びつけている諸々の差異からなる織地——メルロ＝ポンティが「肉」と命名した織地——をくまなく貫くような出会いとして、また、この場合にドゥルーズが明確にするような類似[14]や同一性までもが、「理念」の名の下で示される効果によって織地を共鳴させる出会いとして生じるのだ。それと同時に、この出会いの出来事は肉という織地そのもののある面の「折り重なりや陥入のようなもの」——これらの言葉がメルロ＝ポンティにもドゥルーズにも用いられているのは興味深い[15]——を生み出し、その出来事に共鳴するくぼみに折り重なり、出会いのなかに生じた理念を受け容れて沈殿させるのである。

　したがって、くぼみが理念より先に存在するのではなく、理念がくぼみより先でもなく、その両者――私がそこでくぼみ‐生成になって旋律が響き、また共鳴によって旋律が形作られること――が同時に生じる。ポール・クローデルの言葉にならえば、「共に生まれる〔co-naissent〕」のである。[16] つまり、両者は一緒に、能動性と受動性が不可分のまま生まれるのだ。じっさい、私たちがここで関心を持つメルロ＝ポンティの文章には、第四章に挙げたメビウスの帯のように、能動的感覚が結果的には受動的感覚を暗示するような、しかしそれにもかかわらず同じものであるような感覚がみられる。

このように、二つの感覚は共に能動と受動とが不明瞭な反省的感覚を意味しており、そこから、行為するとされる主体と行為に従うとされる客体における能動と受動の区別はなくなるのだ。メルロ＝ポンティはこう書いている。「われわれがある旋律を思いつくと」（ここでは「われわれ」が主語で、動詞は能動形である）、「その旋律は自らわれわれのなかで歌っている〔se chante〕」（ここでわれわれは主語の立場を失い、それと同時に動詞は反省的なものになる）。『見えるものと見えないもの』の研究ノートのなかで、私が今述べたことを性格づけるためにメルロ＝ポンティがまさにくぼみについて語りながら強調しているのもこの点である。彼によれば、考えることは、魂の働きではなく、複数形の思考の産物でもない。また、私は現在から過去把持に移ることで私の内に作られるくぼみの作者ですらない。私の心臓を鼓動させているのが私でないのと同様に、私に思考させているのも私ではない(17)。

そこで私は私の思考、私のなかに作られるくぼみの作者ではないとしても、このくぼみにおいて——より正確には——このくぼみとともに何かが、たとえば旋律が己を創造する。言ってみれば、創造のプロセスが私の手にかかることなく、私のなかで始動する。あるいはまた、伝統的には受動的姿勢を意味するとされてきた「迎え入れること」と、能動的姿勢を意味するとされてきた「創造すること」が一体をなすのである。この見解はまた、理念がその到来に先立つ存在ではなく、決定的に反プラトン主義的なもう一つの要素を構成していることを示している。

ここで強調しておきたいのは、私が書こうと試みてきたことが、私たちと世界との出会いのなかで、そして私たちが〈存在〉と呼ぶような諸関係の広大な地平の内部で、ある理念が到来する様子をいかに示しているかという点である。その意味において、理念の到来とは私的な「精神の出来事」というよりもむしろ、ある存在論的な出来事として現れる。だが、さらに強調すべきなのは、私がここまで書こうとしてきたプロセス——そのプロセスに沿ってくぼみが自ら開き、またそのおかげで自ら開くくぼみによって何かが己を創造すること——が、理念の到来のみならず諸価値の到来にも値するということである。私たちの行動を下支えするこれらの価値も同様に、私がここで述べている創造的な受動性によって作られているように思われる。[18]

理念であれ価値であれ、私たちがくぼみ＝生成の過程でそれらがどのように生じるのかについてはすでに見た。私たちはそれらの考案者ではない。というのも、それらを形作るのは私たちではなく、むしろ私たちと世界との出会いだからである。その出会いは、理念や価値を——メルロ＝ポンティが自然について書いた晩年の講義録の一つに書いたように——「考えずに」[19]働く思考のなかで、言ってみれば、まだ盲目の思考のなかで、あるいはプルーストの言葉にならえば、その理念が「闇に蔽われている」、そういう思考のなかで表現へと向かわせる。したがって、一方で、私たちがくぼみとして開くとき、私たちの能動と受動といった存在の不可分性が生じ、他方、この不可分な状態に包まれて表現されるのは、私たち自身が作るものではなく、私たちと世界との出会いという存在そのものである。すなわち、その存在こそが映るのであり、別の言い方をすれば、私たちのうちで自省するのである。こうして明らかになる理念がたんなる「精神の出来事」というよりも存在論的な出来事であると私が述べたのも、そのためである。

　私たちはこのようにして、メルロ＝ポンティが現代に起こっていると見た人間と〈存在〉の間の大変化の諸相をわずかながらも解き明かすことができただろう。もちろん、この大変化は、かつて別の形で生じていた理念が今ではこのように生じていると考えることで私が解き明かそうとした諸々のダイナミズムの発生を創始するものではない。この大変化は、むしろ私たちの生きる現代が、これらの経験を新たな様式で表現しようとしている最中にあるという事実に存する。ドゥルーズが「思考の新しい映像のための深淵な要素[20]」と定義したものも、ここから生まれたのであって、ドゥルーズはその少し先で「確かに、思考する行為の、その働きの、思考そのものに生起する新しい映像こそ、まさに私たちが探し求めているものだ[21]」と確認している。

　このように現代は、空虚でも充足でもない私たちの〈くぼみ－存在〉を表現していた（あるいは、本書の第三章で取り上げた「概念〔concept〕」のラテン語起源を参照すれば、むしろ

「表現し直していた」）のだろう。それに対して哲学の伝統は、世界に意味を与える充足か、世界から意味を受け取る空虚か、つねにこれらのモデルのどちらか一方に基づく主体の概念を優先させてきた。

したがって、人間と〈存在〉の関係に生じた大変化を表現することは、私がすでに述べたように、われわれの存在を「客体‐世界」と向き合う「主体」としてではなく、むしろ「共鳴器〔caisse de résonance〕」であるくぼみとして描くことである。これはまさに、私たちが旋律の求める共鳴に同調しうるかぎり、私たちのなかで旋律が自ら歌うとメルロ＝ポンティも述べているとおりである。じっさいに、世界の肉との出会いがそこで共鳴するようなくぼみ、そこで「共鳴すること」が別の場所で生じた音のたんなる再生ではないような――それを私たちは共鳴器と理解した――特別に創造的な価値を帯びてくるのである。

同様の観点に立って、本書ではあまり強調してこなかったが、「くぼみ‐生成」や「陥入」という語を用いて私たちの存在を性格づけることは、プルーストが「音楽的なモチーフ」について書いたものからメルロ＝ポンティが引き出した理念の存在を性格づけることと完全に相補関係にある。〈存在〉とは伝統的に、生成という虚像としての可視性を超えて永続するものと考えられ、視覚とは別の様式――まさしく理念の存在――によってともかく近づきうるとされてきた。こうした〈存在〉が明らかにしているのは、時間と正式に結びついた、したがって生成と結びついた芸術のおかげで、〈存在〉が感じるもののなかに消しがたく根づいていることである。つまりそれは対面や表象というパラダイムから生成を免れさせるような出会いの様態――聴くこと――に身を任せる芸術、したがって理念の存在と同じく私たちの存在を非実体的、さらには非同一的な表現で思考することを許容する芸術である。この芸術とは、もちろん音楽である。(22)

結論づけよう。私は能動と受動の分かちがたい関係を示そうと試みてきた。この関係とは、私たちがその考案者ではないままに創造性と一体化するものにほかならない。このような関係を定義するためにもっとも適した言葉は、メルロ＝ポンティが晩年の思索の中心的理念の一つである、交叉配列〔*chiasme*〕の理念を記述するための言葉であろう。これに従って彼は、「存在との関係はすべて、とらえると同時にとらえられること、とらえることはとらえられ、刻み込まれる。しかも、まさにそれがとらえている同じ存在に刻み込まれるのだ(23)」と指摘している。

メルロ＝ポンティによれば、ヘーゲル以来続けられている思考の試みの意味を理解するにはこれで十分であろうし、私たちが依然として関わっているのがそれらの試みであることもまた明らかである。本章冒頭で述べたように、重要なのは、人間と〈存在〉の関係にみられる今日の大変化を、ある思考として定式化しようとする試みである。その思考は、今度は哲学から無‐哲学——少なくともメルロ＝ポンティがこの語に与えた意味と意図によれば——へと変わらなければならないのである。

じっさい、もし私たちが世界と向き合う主体ではなく、世界との出会いの共鳴器であることを明らかにするくぼみであるならば、「つかむ」という哲学の理念は明らかに考え直されなくてはならない。その意味でメルロ＝ポンティは哲学とは「生の上に突き出てあるのではない[24]」と書いた。つまり哲学は、生を知的に所有するためにそれをつかむ立場にはないのだ。

しかしながら、タレス[二]以来、哲学は伝統的に生を信用せず、つねに生から距離を置いてきた。まさにこのように距離を取るという身ぶりの上に、哲学が生を「非‐哲学」と考えることによって、そのアイデンティティを確立してきたのだ。もちろん、ここで私が引き合いに出しているのは、タレスが星を眺めていて深い穴に落ちたことをトラーキアの女中がからかったというプラトンの逸話にほかならない[25]。非‐哲学（したがって哲学そのものが非‐哲学に由来することを示す名の一つとして理解される生）にかかわり、それを哲学とは別のものとしてではなく哲学のもう一つの側面として認識してかかわること、そこにこそメルロ＝ポンティがまた「無‐哲学」と定義する哲学の理念が存する。そして彼は、ヘーゲル的な現象学の概念形成のなかに、哲学の理念が持つ原初の契機と根本の概念という二重の意味での原理〔*principe*〕――を認めたのだ。まさにこの理由から、メルロ＝ポンティは「無‐哲学」について次のように書いている。

> ヘーゲルが措定した原理。それは現象学（精神の現れ）（現象のなかの精神）を通してこそ絶対性に到達するということである。精神現象が手段や尺度ということではなく〔……〕、絶対性がそれ自体として現れるのでなければ絶対性とはならないからである。[26]

この一節が意図しているのは、現れが存在の完全で決定的な相であるということだ。それにもかかわらず、現れとは哲学が伝統的に非‐哲学に与えてきた数々の名の一つを表すに過ぎなかった。

このように、哲学と非‐哲学は、感覚的なものと知的なもの、想像的なものと現実的なもの、能動と受動、主体と客体とまったく同じである。形而上学が、見えるものと見えないものという二元論に要約されうるすべての二元論を確立する根拠としてきた対立を無効とすること、それよりも両極の密接な共属に名を与え、その上で人間と〈存在〉の関係に現在起こっている大変化に相応しく姿勢と言語を改変させること、それこそが私たちに実現すべく残された責務である。これ以上何をなし得ようか。なぜなら、これは個々の伝記を越えるもの、一人の思想家の責務ではなく、思考そのものが担う責務の問題なのだから。

# 注

＊　良く知られているように、窓のモデルはルネサンスの遠近法以来、とくに『絵画論』（一四三五年にラテン語で出版）のなかでレオン・バッティスタ・アルベルティが述べた次の有名な言葉以来、西欧文化の中心を担うようになった。「私が絵を描く時にすることを教えよう。まず初めに自分が望む大きさの四角形の枠を引き、それを開いた窓とみなす。これから描かれるものは、その窓をとおして見えるのだ」。Leon Battista Alberti, *On Painting and On Sculpture*, trans. Cecil Grayson, London, Phaidon, 1972, 55. 強調はカルボーネ。（原注）

＊＊　Georges Canguilhem：一九〇五―一九九五。フランスの科学哲学者・科学史家。バシュラールのエピステモロジーを研究し、コントやベルナールに代表される医学の学説を問い直した。（訳注）

## 序章

### 【原注】

（1）「われわれが先ほど肉と呼んだのは、この〈可視性〔Visibilité〕〉、この〈感じられるもの〔Sensible〕〉自体の一般性、〈私自身〉の生来の無名性であって、周知のとおり伝統的な哲学にはこれを指す名は存在しないのである」。M. Merleau-Ponty, *Le visible et l'invisible* (1964), texte établi par C. Lefort, Paris, Tel-Gallimard, 1993, 183.『見えるものと見えないもの』滝浦静雄・木田元訳、みすず書房、一九八九年、一九三頁。

（2）*Ibid.* 同前。

（3）*Ibid.*, 175. 同前、一八四頁。

（4）*Ibid.*, 195. 同前、二〇六頁。

（5）*Cf. ibid.*, 183. 同前、一九三頁。この意味は、「自分が棲みついている身体の輪郭を、他人が見るように外側に見るのではなく、なによりも外から見られ、外に存在し、外に移住するものとして見ること」と説明されている。

（6）*Ibid.*, 185. 同前、一九五頁。

（7）*Cf.* G. Deleuze, « Platon et le simulacre » (1967), dans *Logique du sens*, Paris, Minuit, 1969, 292-307. ジル・ドゥルーズ「プラトンとシミュラークル」、『意味の論理学』所収、岡田弘・宇波彰訳、法政大学出版局、一九八七年、三一一―三二八頁。

（8）M. Merleau-Ponty, *L'œil et l'esprit* (1961), Paris, Gallimard, 1993, 23.『眼と精神』滝浦静雄・木田元訳、みすず書房、一九六六年、二六一頁。

（9）　この定義については、私の見解と近い立場で論じている P. Rodrigo, *L'intentionnalité créatrice, Problèmes de phénoménologie et d'esthétique*, Paris, Vrin, 2009, 153-164 の p. 157 を参照されたい。

（10）　M. Merleau-Ponty, *Signes* (1960), Paris, Gallimard, 1993, 29.『シーニュ（1）』竹内芳郎監訳、みすず書房、一九六九年、二八頁。

（11）　M. Merleau-Ponty, *L'œil et l'esprit*, 41.『眼と精神』、二七一頁。

（12）　アンリ・マルディネは「非客観の状態に置かれた生来の現前」について述べている。H. Maldiney, « Le dévoilement de la dimension esthétique dans la phénoménologie d'Erwin Straus » (1966), dans *Regard Parole Espace*, Lausanne, L'Âge d'Homme, 1994, 134.

（13）　M. Merleau-Ponty, *L'œil et l'esprit*, 23.『眼と精神』、二六一頁。

（14）　M. Merleau-Ponty, *Notes des cours au Collège de France 1958-1959 et 1960-1961*, « Préface » de C. Lefort, texte établi par S. Ménasé, Paris, Gallimard, 1996, 173.

（15）　*Ibid*. 強調はカルボーネ。

（16）　M. Merleau-Ponty, *L'œil et l'esprit*, 23.『眼と精神』、二六一頁。この定義については、P. Rodrigo の前掲書 p. 10 と J. Garelli, « Voir ceci et voir selon », dans M. Richir et E. Tassin (éd.), *Merleau-Ponty : phénoménologie et expériences*, Grenoble, Millon, 1992, 79-99 を参照のこと。

（17）　*Cf*. G. Boehm, « Die Wiederkehr der Bilder », in G. Boehm (Hrsg.), *Was ist ein Bild ?*, Munich, Fink, 1994, 11-38.

（18）　M. Merleau-Ponty, *Le visible et l'invisible*, 174-175.『見えるものと見えないもの』、一八三―一八四頁。

（19）　*Ibid*., 175. 同前、一八四頁。

（20）　M. Merleau-Ponty, *L'œil et l'esprit*, 63.『眼と精神』、二八五頁。

(21) M. Merleau-Ponty, *Le visible et l'invisible*, 184-185.『見えるものと見えないもの』、一九五頁。

(22) G. Boehm, « Ce qui se montre. De la différence iconique », dans E. Alloa (éd.), *Penser l'image*, Dijon, Les presses du réel, 2010, 34. この引用の少し前に、ベームはこう書いている。「われわれが、見せるものと語られるものは同じである［……］という考えを認め続けるかぎり、映像の力は失われたままとなるであろう」。*Ibid.*, 30.

(23) ゴットフリート・ベームは前掲書 *Was ist ein Bild ?* の p. 19 で「メルロ＝ポンティが、眼と画像とを十全に理解することを求めていたならば［……］、自らの思考の現象学的基盤をも見直さねばならなかっただろう」と説明し、p. 21 でメルロ＝ポンティ独自の「イコン的転回」に言及している。

(24) *Cf.* W. J. T. Mitchell, « Que veulent *réelement* les images ? » (1996), trad. fr. de M. Boidy, S. Roth, dans E. Alloa (éd.), *Penser l'image*, 211-247.

(25) *Ibid.*, 213.

(26) この主題については、E. Escoubas, « La question de l'œuvre d'art : Merleau-Ponty et Heidegger », dans M. Richir, E. Tassin (éd.), *Merleau-Ponty : phénoménologie et expériences*, 123-138 を参照のこと。

(27) M. Merleau-Ponty, *L'œil et l'esprit*, 31.『眼と精神』、二六六頁。

(28) W. J. T. Mitchell, « Que veulent *réelement* les images ? », 239.

(29) G. Didi-Huberman, *Devant le temps, Histoire de l'art et anachronisme des images*, Paris, Minuit, 2000, 239. ジョルジュ・ディディ＝ユベルマン『時間の前で——美術史とイメージのアナクロニズム』小野康男・三小田祥久訳、法政大学出版局、二〇一二年、二四二頁。

(30) 「本質と実存、想像的なものと現実のもの、見えるものと見えないもの。絵画はあらゆるカテゴリーを巻き込み、肉の本質と効力因としての類似性と無言の意味からなる夢幻的世界を繰り広げるのである」。
M. Merleau-Ponty, *L'œil et l'esprit*, 35.『眼と精神』、二六八頁。

**[訳注]**

（一） W. J. T. Mitchell：一九四二―。シカゴ大学英文学および美術史教授。主著に『イコノロジー――イメージ・テクスト・イデオロギー』（一九八六）などがある。

（二） Georges Didi-Huberman：一九五三―。フランスの哲学者、美術史家。一九九〇年より、パリ社会科学高等研究院（EHESS）で美術史を講じる。

（三） Aby Moritz Warburg：一八六六―一九二九。ドイツの美術史家。ハンブルク大学教授。「残存」の概念については、ジョルジュ・ディディ＝ユベルマン『残存するイメージ――アビ・ヴァールブルクによる美術史と幽霊たちの時間』竹内孝宏・水野千依訳、人文書院、二〇〇五年を参照されたい。

（四） 歳差（＝歳差運動）とは、地球のケプラー運動の原因となる太陽の作用以外の天体の作用でおこる天球の赤道、黄道の変化を指す。一般には、回転する物体の回転軸の方向が変わる首振り運動のことを呼ぶ。（『岩波 理化学辞典』第五版、岩波書店、一九九八年、五〇五頁参照）。

## 第一章

**[原注]**

（1） たとえば、E. Husserl, *La crise des sciences européennes et la phénoménologie transcendantale* (1954), trad. fr. de G. Granel, Paris, Gallimard, 1976（E・フッサール『ヨーロッパ諸学の危機と超越論的現象学』細谷恒

夫・木田元訳、中央公論社、一九七四年）の第二十八節を参照されたい。

（2） M. Merleau-Ponty, *La Nature. Notes. Cours du Collège de France*, établi et annoté par D. Seglard, Paris, Seuil, 1995, 20.

（3） M. Merleau-Ponty, *Le visible et l'invisible*, 328.『見えるものと見えないもの』、四〇八頁。

（4） *Ibid.*, 193. 同前、二〇四頁。

（5） *Cf. ibid.*, 184, 191, 193. 同前、二〇二、二〇四頁。

（6） *Ibid.*, 184, 193. 同前、二〇四頁。

（7） *Ibid.*, 270. 同前、三一三頁。M. Merleau-Ponty, « Le philosophie et son ombre » (1959), dans *Signes*, 226.『シーニュ（2）』竹内芳郎監訳、みすず書房、一九七〇年、三四頁。*Notes des cours au Collège de France 1958-1959 et 1960-1961*, 85 も参照されたい。

（8） M. Merleau-Ponty, *Le visible et l'invisible*, 165.『見えるものと見えないもの』、一七二頁。少し前の頁でディディ＝ユベルマンが言及したベンヤミンの言う意味での「根源〔*Ursprung*〕」の問題も同じように解釈できるだろう。この主題については、とくに W. Benjamin, *Origine du drame baroque allemand* (1928), trad. fr. de S. Muller, A. Hirt, Paris, Flammarion, 1985 を参照のこと。

（9） *Cf.* M. Merleau-Ponty, *Le visible et l'invisible*, 165.『見えるものと見えないもの』、一七二頁。同書に含まれる研究ノートでは、より明確に次のように書かれている。「私には、もはや起源の問題も限界の問題も第一原因に向かう諸事象の系列という問題もなく、永遠の〈存在〉の炸裂だけがあるのだ」。*Ibid.*, 318. 同前、三九一頁。強調はカルボーネ。

（10） *Cf.* M. Merleau-Ponty, *Signes*, 210.『シーニュ（2）』、一五頁。

（11）　*Ibid.*, 194.『見えるものと見えないもの』、二〇四頁。

（12）　E. Husserl, « L'arche-originaire Terre ne se meut pas » (1934), trad. fr. de D. Franck, *Philosophie*, n. 1, janvier 1984, 5-21. メルロ＝ポンティが行った手稿解読の〈外側の〉経緯については、以下の文献を御覧頂きたい。*Cf.* H. L. Van Breda, « Maurice Merleau-Ponty et les Archives-Husserl à Louvain », *Revue de Métaphysique et de Morale*, n. 4, 1962, 419-436. また、フッサールの手稿がメルロ＝ポンティの思想に与えた影響に関しては、G. D. Neri, « Terre e Cielo in un manoscritto husserliano del 1934 », *aut aut*, n. 245, 1991, 40 *sq.* を参照のこと。

（13）　M. Merleau-Ponty, *Résumés de cours. Collège de France 1952-1960*, Paris, Gallimard, 1968, 168-169.『言語と自然――コレージュ・ドゥ・フランス講義要録』滝浦静雄・木田元訳、みすず書房、一九七九年、一二三―一二四頁。

（14）　*Ibid.*, 169. メルロ＝ポンティはこの石の例を通して、次に挙げるフッサールの一節にはっきり言及している。「私は石を高く投げ、同じ石が落下してくるのを見ることができる。石を投げることは、多かれ少なかれ水平的でありうるが、その時の見かけは明らかに地球の地盤の上での様々な運動と似ているため、それらは運動と認識されるのだ」。E. Husserl, « L'arche-originaire Terre ne se meut pas », 13. エドムンド・フッサール「自然の空間性の現象学的起源に関する基礎研究――コペルニクス説の転覆」新田義弘・村田純一訳、『講座・現象学3　現象学と現代思想』所収、弘文堂、一九八〇年、二八一頁。

（15）　R. Delaunay cité dans M. Merleau-Ponty, *L'œil et l'esprit*, 83-84.『眼と精神』、二九六頁。

（16）　フッサールは「[地球とは]、あらゆる運動の意味、および運動の様態としてのあらゆる静止の意味を、何よりもまず可能にする方舟である。したがって、地球の静止とは運動の様態ではないのだ」と書いている。E. Husserl, « L'arche-originaire Terre ne se meut pas », 20.『現象学と現代思想』、二九一頁。

（17） M. Merleau-Ponty, *L'œil et l'esprit*, 70.『眼と精神』、二八九頁。

（18） メルロ＝ポンティは、この研究ノートを次のように続けている。「交叉配列や〈相互内属〔*Ineinander*〕〉のような観念は、これとは逆に、解きほぐすようなすべての分析を理解不可能にしてしまう概念である――〔……〕必要なのは、新しいタイプの可知性（あるがままの世界と〈存在〉による、水平的ではなく〈垂直的〉な可知性）を創造することにある」。M. Merleau-Ponty, *Le visible et l'invisible*, 321.『見えるものと見えないもの』、三九六―三九七頁。

（19） *Cf.* D. Franck, *Chair et corps. Sur la phénoménologie de Husserl*, Paris, Minuit, 1981. フッサールの手稿を仏訳したディディエ・フランクは、序文にこう記している。「フッサールがここで試みていること、おそらくこの手稿においてもっとも興味深いと言えるのは、あらゆる物理学と幾何学から逃れた空間と肉の思考である」。D. Franck, note à E. Husserl, « L'arche-originaire Terre ne se meurt pas », 3. ベルンハルト・ヴァルデンフェルスもメルロ＝ポンティの *chair* を *Leib* と訳している。B. Waldenfels, *Phänomenologie in Frankreich*, Frankfurt a M., Suhrkamp, 1983, 200. 同様の主題としては G. Boehm, « Der stumme Logos », in A. Métraux, B. Waldenfels (Hrsg.), *Leibhaftige Vernunft, Spuren von Merleau-Ponty Denken*, München, Wilhelm Fink, 1986, 289-304 も参照のこと。

（20） この表現は、D. Franck, *Heidegger et le problème de l'espace*, Paris, Minuit, 1986 の最終章のタイトルにみられる。

（21） J.-L. Nancy, *Corpus*, Paris, Métailié, 2000, 66. ジャン＝リュック・ナンシー『共同‐体《コルプス》』大西雄一郎訳、松籟社、一九九六年、五四頁。

（22） *Le visible et l'invisible*, 193.『見えるものと見えないもの』、二〇四頁。

（23）*Cf.* J. Derrida, *Le toucher, Jean-Luc Nancy*, Paris, Galilée, 2000, 210, 240, note 1. ジャック・デリダ『触覚、——ジャン＝リュック・ナンシーに触れる』松葉祥一・榊原達哉他訳、青土社、二〇〇六年、三五二頁、四〇九頁。

（24）*Ibid.*, 240, note 1. 同前、四〇九頁。

（25）*Cf. ibid.* 同前。

（26）R. Esposito, « Jean-Luc Nancy, il nucleo politico della filosofia », *il manifesto*, 10 juin 2000, 12. ナポリのSuor Orsola Benincasa 校で二〇〇〇年七月九日—十日に行われた国際学会（テーマは「共有される自由」）の巻頭言の抜粋である。

（27）J.-L. Nancy, *Corpus*, 9, 27.『共同-体《コルプス》』、八頁、二三頁。同じく *L'intrus*, Paris, Galilée, 2000. ジャン＝リュック・ナンシー『侵入者——いま〈生命〉はどこに？』西谷修編訳、以文社、二〇〇〇年も参照されたい。

（28）*Cf.* D. Franck, *Chair et corps. Sur la phénoménologie de Husserl*, 99.

（29）*Ibid.*, 100.

（30）*Cf. Le visible et l'invisible*, 83, note 2.『見えるものと見えないもの』、八四頁、註10。この見解と、われわれの身体の「あまりにも親密な異様さ」（*Cf.* J.-L. Nancy, *Corpus*, 16.『共同-体《コルプス》』、一四頁）というテーマとの類似については、メルロ＝ポンティがベルクソンに触れつつ結論づけた『見えるものと見えないもの』の一節を引用するのが良いだろう。「私がそれで〈ある〉というところのものは、距離を置いた彼方で、この身体、この人物、これらの思考のなかに私が〈ある〉ということでしかなく、私が自身の前に押し出すところの、つまり私にとってもっとも近くにある遠いものでしかないのだ。反対に、私は私ではないこの世界に私自身に対してと同じくらい密接に結びついていることから、世界とはある意味で私の身体の延長にすぎない」。*Le visible et l'invisible*, 83.『見えるものと見えないもの』、八三頁。

(31) J. Derrida, *Le toucher, Jean-Luc Nancy*, 262. ジャック・デリダ『触覚』、四三八頁。

(32) *Ibid.*, 264.『触覚』、四四〇頁。

(33) M. Merleau-Ponty, *Signes*, 211.『シーニュ（2）』、一五頁。メルロ＝ポンティの弟子であったヴァルデンフェルスによれば、「世界の肉」（メルロ＝ポンティはそのドイツ語表現である *Leib der Welt* を用いた）という概念は、知覚される物にフッサールが与えた「〈生ま身を持った〔*leibhaftigen*〕〉現存を先鋭化したもの」と考えることができる。B. Waldenfels, *Phänomenologie in Frankreich*, 200.

(34) *Le toucher, Jean-Luc Nancy*, 266.『触覚』、四四二―四四三頁。

(35) M. Merleau-Ponty, *Résumés de cours*, 169.『言語と自然』、一二四頁。

(36) M. Henry, *Incarnation. Une philosophie de la chair*, Paris, Seuil, 2000. ミシェル・アンリ『受肉――〈肉〉の哲学』中敬夫訳、法政大学出版局、二〇〇七年。

(37) *Ibid.*, 7. 同前、三頁。

(38) *Ibid.* 同前。

(39) *Ibid.*, 9. 同前、四頁。

(40) *Ibid.*, 8. 同前、二頁。

(41) *Ibid.*, 9. 同前、四頁。

(42) *Ibid.*, 10. 同前、五頁。

(43) *Ibid.*, 9. 同前、四頁。

(44) *Ibid.*, 10. 同前、六頁。

（45）*Cf. ibid.*, 27. 同前、二一頁。

（46）*Cf.* Tertullianus, *De carne Chrisiti*, IX, 2.

（47）「肉とは、大地がそれに属するものに変化することでないとしたら、一体何なのだろう」。*Ibid.*

（48）M. Henry, *Incarnation. Un philosophie de la chair*, 27.『受肉』、二八頁。

（49）*Ibid.*, 10. 同前、四頁。

（50）*Ibid.*, 27. 同前、二八頁。

（51）*Ibid.* 同前。

（52）*Ibid.*, 30. 同前、三二頁。

（53）*Cf. ibid.*, 31. 同前、三三頁。

（54）アンリもまた、これと似た理由からハイデガーの主張に同意している。「ハイデガーの深い指摘によれば、壁に向かって置いてあるテーブルは壁に〈触れて〉はいない。それとは反対に、われわれが示す身体の固有性とは、自分の近くにある各々の対象を感じるということである」。*Ibid.*, 8. 同前、二—三頁。

（55）M. Heidegger, *Les Concepts fondamentaux de la métaphysique. Monde-finitude-solitude* (1983), trad. fr. de D. Panis, Paris, Gallimard, 1992, § 290, 293.

（56）J.-L. Nancy, *Le sens du monde*, Paris, Galilée, 1993, 102.

（57）*Ibid.*

（58）*Ibid.*, 103. ナンシーがここで展開している論に関しては、とくに『コルプス』の「尾部も頭部もなく」と名づけられた章の p. 14-18（『共同‐体《コルプス》』一三—一六頁）を参照されたい。そこでは身体が方向性を持つことが否定され（それは最終的に有機体の否定に至る）、次の点が肯定されている。「尾部も頭部もまた、最終的にはそのようなものである。それらは意味の位置、有機体の諸契機、物質の諸要素の離散そのものである。身体は開き、裂開し、尾部と頭部に出来事が起こるきっかけとなる空隙をうがつ場なのだ」。*Corpus*, 18.『共同－体《コルプス》』、一六頁。

（59） M. Merleau-Ponty, *La Nature*, 132.

（60） ナンシーは「[石とは] 世界に属す様態〔mode du à〕である。それは少なくとも、拡がり、隔たり、距離、〈原子的〉構成といった領野に属す様態なのだ」と定義している。J.-L. Nancy, *Le sens du monde*, 103.

（61） J. Derrida, *Le toucher, Jean-Luc Nancy*, 266.『触覚』、四四二頁。

（62） 「肉の哲学とは、それがなければ精神分析が人間学にとどまってしまうような条件である」。M. Merleau-Ponty, *Le visible et l'invisible*, 321.『見えるものと見えないもの』、三〇五頁。

（63） 「心理－学の諸概念を構成しているすべては、[……] 肉としての〈存在〉に丸ごと付する様々な差異化とみなす時、ただちに明解となる [……]。なぜなら、そこにあるのは、（つねに個体－本質という区分の上に成り立つ）階級や階層やレベルのヒエラルキーではなく、すべての事実の次元性とあらゆる次元の事実性があるからだ」。M. Merleau-Ponty, *Le visible et l'invisible*, 324. 同前、四〇〇頁。

（64） *Ibid.*, 323. 同前、三九九頁。強調はメルロ＝ポンティ。

（65） じっさいに一九六〇年十二月に書かれた研究ノートのタイトルは「身体と肉――エロス――フロイト主義の哲学」である。*Cf.* M. Merleau-Ponty, *Le visible et l'invisible*, 323-324. 同前、三九九―四〇一頁。精神分析の存在論的解釈という命題については、このノートに加えて、メルロ＝ポンティが *Parcours deux* (1951-1961), Lagrasse, Verdier, 2000, 276-284 に再録した精神分析学者アンジェロ・エスナールの著書（A. Hesnard, *L'œuvre de Freud et son importance pour le monde moderne*, Paris, Payot, 1960）の「序文」が重要である。上記の論点については、拙著 *Proust et les idées sensibles*, Paris, Vrin, 2008 の第四章（p. 115-135）をご覧頂きたい。

(66) S. Freud, *L'intérêt de la psychanalyse* (1913), trad. fr. (modifiée) de P.-L. Assoun, « Les classiques des sciences humaines », Paris, éditions du CEPL, 1980, 91.

(67) M. Merleau-Ponty, *Le visible et l'invisible*, 323.『見えるものと見えないもの』、三九九頁。

(68) *Cf. ibid.*, 320. 同前、三九四頁。

(69) ここで引用した研究ノートには「主体」という語が現れるが、メルロ゠ポンティの肉の存在論は「主体」という語が古典的方法で示してきた意味に対して明確に問いかけている。

(70) M. Merleau-Ponty, *Le visible et l'invisible*, 323.『見えるものと見えないもの』、四〇〇頁。

(71) *Ibid.*, 327. 同前、四〇五頁。

(72) *Ibid.*, 323. 同前、四〇〇頁。

(73) S. Freud, « Le refoulement » (1915), trad. fr. de J. Altounian, A. Bourguignon, P. Cotet et A. Rauzy, dans *Œuvres complètes*, vol. XIII (1914-1915), 193. ジークムント・フロイト「抑圧」新宮一成訳、『フロイト全集』第十四巻所収、岩波書店、二〇一〇年、二〇〇頁。

(74) E. Husserl, « L'arche-originaire Terre ne se meurt pas », 14. 強調はカルボーネ。『現象学と現代思想』、二八二頁。

(75) J.-P. Sartre, « Merleau-Ponty vivant » (1961), *Situation philosophiques*, Paris, Tel-Gallimard, 1990, 202.

(76) J.-F. Lyotard, *Des dispositifs pulsionnels*, « 10/18 », Paris, Union Générale d'Édition, 1973, 283.

(77) J.-P. Sartre, « Merleau-Ponty vivant », 202-203.

(78) J.-L. Nancy, « Il taglio nel senso - Intervista a Jean-Luc Nancy », éd. V. Piazza, in *L'intruso*, trad. it. De V.

Piazza, Napoli, Cronopio, 2000, 41. 強調はカルボーネ。

（79） J.-L. Nancy, *L'intrus*, 45.『侵入者』、四三―四四頁。

（80） *Ibid.*, 17. 同前、一二頁。強調はカルボーネ。

（81） メルロ＝ポンティの哲学的アプローチにみられる倫理的、政治的含意については次の二冊を参照のこと。D. H. Davis (ed.), *Merleau-Ponty's Later Works and Their Practical Implications. The Dehiscence of Responsibility*, Amherst (New York), Humanity Books, 2001. R. Bonan, *La dimension commune*, volume 1, *Le problème de l'intersubjectivité dans la philosophie de Merleau-Ponty*, volume 2, *L'institution intersubjective comme poétique générale*, Paris, L'Harmattan, 2001.

（82） 二人の哲学者の「共有性」については、とくにデリダの *Le toucher, Jean-Luc Nancy*, 247.（『触覚』、四一六頁）を参照されたい。

（83） R. Esposito, « Jean-Luc Nancy, il nucleo politico della filosofia ». 強調はカルボーネ。

（84） M. Merleau-Ponty, *Le visible et l'invisible*, 318.『見えるものと見えないもの』、三九〇頁。

（85） 私がここで示そうとした「世界化」の概念が持つ歴史的複数性という定義については、二〇〇一年十一月十三日―十四日にパリで行われた「諸文化に関する世界学術フォーラム」でのジャック・ル・ゴフの発表を参照されたい。「ル・モンド」紙に掲載された論文には「世界化以前の形式を知ることは、われわれが生きている世界の形式を知るために必要であり、その現象と向き合った時に適切な判断をするためにも必要だ」と書かれている。J. Le Goff, « Heurs et malheurs des mondialisations », *Le Monde*, 16 novembre 2001, 1, 17.

（86） *Cf.* R. Esposito et J.-L. Nancy, *Dialogo sulla filosofia a venire*, introduction à l'édition italienne de J.-L. Nancy, *Être singulier pluriel*, Paris, Galilée, 1996, trad. it. de D. Tarizzio, *Essere singolare plurale*, Torino, Einaudi, 2001, VII-

XXIX.

(87) *Ibid.*, XXVIII.

(88) *Ibid.*, XXVI-XXVII.

(89) P. Montani, *Bioesthetica. Senso comune, tecnica e arte nell'età della globalzzazione*, Roma, Carocci, 2007, 15.

(90) R. Diodato, *Esthétique du virtuel* (2005), trad. fr. de H. Goussebayle, Paris, Vrin, 2011, 8.

(91) *Ibid.*, 103.

(92) *Ibid.*

**［訳注］**

（一） Edmund Husserl：一八五九―一九三八。ドイツの哲学者。『論理学研究』において自然主義的風潮に批判をくわえ、純粋論理学を提唱し、『イデーン』第二巻や『デカルト的省察』において「相互主観性」（多数の主観の相互的および共同的構成）の問題を追及した。

（二） Anaxagoras：紀元前五〇〇頃―四二八頃。古代ギリシアの哲学者。イオニアのクラゾメナイに生まれ、壮年期にアテネに移住して哲学を教えた。世界は無数のスペルマタ（種子）の混合体で、それらの混沌状態に運動を与えて秩序ある世界を形成したのがヌース（理性）であると説いた。

（三） 一九三四年五月七日―九日に書かれたものである。次のような注釈が封筒の上に書かれている。「通常の世界観によって解釈されているコペルニクス説の転覆。原初の方舟である地球は動かない。自然科学的に第一の意味での自然の空間性と物体性の現象学的起源への基礎となる諸研究。すべては必要な研究のための端緒である」。フッサールはそこで空間および空間内の物体の運動の構成的研究を行い、空間や運動の経験には「地盤」として機能するTerre（地球／大地）の経験がつねに先行することを示した。フッサールが「方舟」と呼ぶこの地球／大地が、あらゆる運動と静止の意味を可能にする機能を果たしている以上、それ自身は運動しているとは言えないのである（縮刷版『現象学事典』弘文堂、二〇一四年、六三四―六三五頁参照）。

（四）　Didier Franck：一九四七―。パリ近郊ヌイイ生まれ。一九九六年よりパリ第十大学ナンテール校教授。ジャン＝リュック・マリオン、ジャン＝フランソワ・クルティーヌらと共に、一九八〇年代以降のフランスにおける現象学研究を牽引する一人である。

（五）　Jean-Luc Nancy：一九四〇―。フランスの哲学者。ストラスブール大学名誉教授。フーコー、ドゥルーズ、デリダに続くポストモダン思想家の一人である。主著『無為の共同体』では、個人や主体には還元されない人間の特異性に注目し、共同体の意義を再検討した。

（六）　Jacques Derrida：一九三〇―二〇〇四。フランスの哲学者。アルジェに生まれ、エコール・ノルマル・シュペリウールで学び、後に同校の哲学担当教授となる。西欧哲学におけるロゴス中心主義を批判し、ディコンストラクション（脱構築）概念を確立した。

（七）　Michel Henry：一九二二―二〇〇二。フランスの哲学者、現象学者。キリスト教神学と現象学の観点から「肉」の問題を追及した。

（八）　Quintus Septimius Florens Tertullianus：一六〇頃―二二〇頃。キリスト論、三位一体論を系統的に論じた最初の神学者。

（九）　Arthur Schopenhauer：一七八八―一八六〇。ドイツの哲学者。ドイツ観念哲学に東洋思想を取り入れた思想家であり、盲目的な生への意志が世界を形成すると考えた。

（一〇） Gaston Bachelard：一八八四―一九六二。フランスの科学哲学者、評論家。前科学的な思考形態を切断して新しい認識論を確立し、カンギレム、アルチュセール、フーコーらに影響を与えた。また、「物質的現象力」に基づくイメージ論を展開した。

（一一） Fetishism：フェティッシュは、ラテン語のファクティティウス（人工的に作られた）に由来し、フェティシズムは呪物崇拝、霊物崇拝を意味する。心理学、精神分析学の領域では、異性の身体の一部や身につけている物に執着する態度のことをいう。

（一二） Jean-Paul Sartre：一九五〇―一九八〇。フランスの哲学者、文学者。無神論的実存主義を提唱した。主著に『存在と無――現象学的存在論の試み』（一九四三）などがある。

（一三） Jean-François Lyotard：一九二四―一九九八。フランスの哲学者。ポスト構造主義の思想家の一人で、主体や進歩主義という近代の理念を「大きな物語」と称して批判した。主著に『ポストモダンの条件』（一九七九）などがある。

（一四） Roberto Esposito：一九五〇―。イタリアの政治哲学者。マキャヴェリ研究から出発し、近年は「生政治」「免疫」「共同体」をキーワードに近代政治の問い直しを行なっている。

（一五） Pietro Montani：一九四六―。ローマ・ラ・サピエンツァ大学教授。イタリア国立映画実験センターで美学を講ずる。モンターニにとって美学とは美の哲学ではなく、ギリシア語の語源（Aisthesis）が示すとおり感覚の理論である。主著に『媒介するイメージ――見える世界を探究、表象、立証すること』（未邦訳、Laterza, 2010）などがある。

（一六） Roberto Diodato：ミラノのサクロ・クオーレ・カトリック大学教授。近代哲学（ブルーノ、スピノザ、ライプニッツ）における美学と存在論を探究し、それらと現代のテクノロジーとの関係を講じている。

## 第二章

### [原注]

(1) M. Merleau-Ponty, *La prose du monde*, texte établi et présenté par C. Lefort, Paris, Tel-Gallimard, 1992.『世界の散文』滝浦静雄・木田元訳、みすず書房、一九七九年。クロード・ルフォールは「前書き」のなかで本書の成り立ちに関して貴重な情報を提供し、メルロ＝ポンティの知的足跡においてとくに重要な瞬間に焦点を当てている。ルフォールは『世界の散文』の執筆時期について、見つかった原稿――この本の第一部を構成するはずであった――が、先行の要請にしたがってわずか一年間(一九五一年)で書かれ、翌年初めに執筆の中断を決めたという考えに傾いている。同じくルフォールによれば、メルロ＝ポンティは一九五〇年から五一年の間に『世界の散文』の主題領域をそれまでの試みより狭めることを決めており、それはおそらくこの本の主題領域を『真理の起源』――メルロ＝ポンティが彼の表現論における存在論的な意味を明らかにする使命を委ねようとしていた本――の主題領域に従属させるためであったと考えられる。この最後の仕事で取り上げるべきであった主題についての省察が、後に『見えるものと見えないもの』の未完の頁にまとめられた。同時期のメルロ＝ポンティの思索については、第四章の原注62を参照のこと。

(2) M. Merleau-Ponty, *La prose du monde*, 204.『世界の散文』、一九五頁。

(3) *Ibid.*, 211. 同前、二〇〇―二〇一頁。

(4) M. Merleau-Ponty, *Le visible et l'invisible*, 272.『見えるものと見えないもの』、三一六頁。メルロ＝ポンティは *Notes des cours au Collège de France* の 1958-59 と 1960-61 のなかで、パウル・クレーの絵画を明確に参照した上で「諸物の皮膚」という表現を用いている。これらの参照箇所については、次章であらためて取り上げたい。

(5) J. Derrida, *Le toucher, Jean-Luc Nancy.* の、とくに p. 224（『触覚』、三七三―三七四頁）を参照されたい。

(6) *Cf. ibid.*, 214. 同前、三五九頁。

(7) *Ibid.*, 262. 同前、四三八頁。

(8) K. Vanerdoe, « Gauguin », in W. Rubin (ed.), *« Primitivism » in 20th Century Art : Affinity of the Tribal and the Modern*, New York, The Museum of Modern Art, 1984, volume I, 179.

(9) M. Merleau-Ponty, *Signes*, 228.『シーニュ（2）』、三七―三八頁。ここでメルロ＝ポンティは自らが深くかかわる現象学的企てと、近代絵画によって発展したと考えられる企てが一致することを意味深長に強調している。「好むと好まざるとにかかわらず、フッサールは自身の計画に背いて、本質な大胆さで野生の世界と野生の精神を蘇えらせた。諸物は、もはやルネサンスの遠近法にみられるような、たんなる投射された影像や展望の要請に応えてそこにあるのではなく、反対に、それらの稜線で眼差しを剝ぎ落とすかのように、まっすぐ執拗に立ちつくす。それぞれの稜線は他の稜線の現存とは両立しえない絶対的現前を要求するが、それにもかかわらず諸物は「理論的意味」からはとうてい得られない理念を配置の意味から与えられて、それらの現前をすべて共に有するのだ」。この一節については次章でも言及したい。

(10) M. Merleau-Ponty, *Notes des cours au Collège de France 1958-1959 et 1960-1961*, 155.

(11) 「生まの、あるいは野生の存在（＝知覚される世界）」。M. Merleau-Ponty, *Le visible et l'invisible*, 223.『見えるものと見えないもの』、二三八頁。強調はメルロ＝ポンティ。

(12) *Ibid.*, 223-224. 同前、二三八頁。

(13) P. Gauguin, « Huysmans et Redon » (1889), dans *Oviri. Écris d'un sauvage*, choisis et présentés par D. Guérin,

Paris, Gallimard, 1974, 60. ゴーギャン『オヴィリ——野蛮人の記録』岡谷公二訳、みすず書房、一九八〇年、五八頁。

(14) P. Gauguin, « Diverses choses » (1896-1897), *ibid.*, 179. 同前、一八五頁。

(15) P. Gauguin, « Notes sur l'art à l'exposition universelle » (1889), *ibid.*, 60. 同前、四六頁。

(16) *Ibid.* 同前、四七頁。強調はカルボーネ。

(17) P. Gauguin, « Notes synthétiques » (1884-1885), *ibid.*, 26. 同前、二一頁。

(18) P. Gauguin, « Cahier pour Aline » (1892), *ibid.*, 92. 同前、九二頁。

(19) 「創造的に取り戻す」はメルロ＝ポンティ独自の表現である。この表現については次を参照されたい。*Sens et non-sens* (1948), Paris, Gallimard, 1996, 32. 『意味と無意味』、四二頁。« Un inédit de Merleau-Ponty » (1952), *Parcours deux (1951-1961)*, 43.

(20) M. Merleau-Ponty, *Le visible et l'invisible*, 321. 『見えるものと見えないもの』、三九五頁。*La Nature. Notes. Cours du College de France*, 62.

(21) M. Merleau-Ponty, *La Nature*, 61. メルロ＝ポンティはコレージュ・ド・フランスで一九五六年から五七年にかけて行った講義のための要録のなかで「野生の原理」を、シェリングを引用することで次のように説明している。「この第一の自然〔*erste Natur*〕とは、〈すべての生とすべての存在者の根底をなす織地であり、乗り越えることはできても、決して取り除くことはできない野生の原理である〉」。*Ibid.*, 62.

(22) P. Gauguin, « Diverses choses », dans *Oviri. Écrits d'un sauvage*, 178. 『オヴィリ』、一八四頁。

(23) *Ibid.*, 177. 同前、一八四頁。

(24) 「若い人たちにとってモデルがあるのは良いことだが、描いているあいだはそれを覆い隠しておくべきだ」。P. Gauguin, « Cahier pour Aline », dans *Ibid*., 91. 同前、九〇頁。

(25) K. Vanedoe, « Gauguin », 185.

(26) *Ibid*. この引用については「偶感抄」〔« Diverses choses »〕の次の箇所を参照されたい。「この画集［アルバム］のなかには、偶然の結果ではなく、すべて私の意志と意向にしたがって、日本のクロッキー、北斎の版画、ドーミエの石版画、フォラン［の残酷な観察］、ジョット派が一つに集められている。私は異なる現れのなかに類縁性があることを示したいからだ」。P. Gauguin, *Oviri. Écrits d'un sauvage*, 162.『オヴィリ』、一六八頁。

(27) *Cf*. K. Vanedoe, « Gauguin », 185*sq*.

(28) *Ibid*., 191.

(29) *Ibid*.

(30) P. Gauguin, *L'esprit moderne et le catholicisme*, éd. par P. Verdier, « Wallral-Richartz Jahrbuch », XLVI, 1985, 273-328. この草稿版を送って下さったエリザベス・C・チャイルド氏に深謝する。

(31) J. Derrida, *Le toucher, Jean-Luc Nancy*, 247.『触覚』、四一六頁。ジャン゠リュック・ナンシーは自身の見解から、キリスト教が「宗教とその伝説とその信仰を捨て去る限り」脱構築されると述べている。J.-L. Nancy, *Visitation (de la peinture chrétienne)*, Paris, Galilée, 2001, 45. 同書 p. 50 も参照されたい。

(32) この見開きの内容は、次の書に転載されている。P. Gauguin, *Noa Noa*, trad. it. de E. Fezzi, dans E. Fezzi et F. Minervino (a cura di), « *Noa Noa* » *e il primo viaggio a Tahiti di Gauguin*, « Introduzione » de M. Sanson, Milano, Rizzoli, 1974, 134.

(33) P. Gauguin, *Noa Noa*, Paris, G. Crès et Cie, 1929, 109.『オヴィリ』、二七九頁。

(34) *Ibid.*, 119.

(35) P. Gauguin, *Lettres de Gauguin à sa femme et à ses amis*, recueillis et préfacées par M. Malingue, Paris, Grasset, 1946, 288.『ゴーギャンの手紙』東珠樹訳、美術公論社、一九八八年、二七九頁。

(36) P. Gauguin, « Diverses choses », dans *Oviri. Écrits d'un sauvage*, 165.『オヴィリ』、一七二頁。強調はカルボーネ。

(37) A. G. Barskaja - M. A. Bessanova, *Capolavori impressionisti e postimpressionisti dai musei sovietici*, Milano, Electa, 1983, 66. 同様の主題については、B. Dorival, « Burlington Magazine », *Sources of the Art of Gauguin from Java, Egypt and Ancient Greece*, n. 577, April 1951 の p. 118-122、とくに p. 121-122 を参照のこと。

(38) K. Varnedoe, « Gauguin », 190.

(39) *Cf.* P. Gauguin, « L'église catholique et les temps modernes », dans *Oviri. Écrits d'un sauvage*, 198-202 より抜粋。『オヴィリ』、二〇四—二三四頁。

(40) *Ibid.*, 199. 同前、二〇五頁。

(41) J.-L. Nancy, *Le regard du portrait*, Paris, Galilée, 2000, 66.

(42) J.-L. Nancy, *Visitation (de la peinture chrétienne)*, 48.

(43) *Ibid.* 195.

(44) *Ibid.*

(45) 「そこで肉色〔*incarnat*〕を問題にしなくてはならないが、そのためには、まずこの語を、無理を承知で分けてみる必要がある。この *in* は内部と表面のどちらを指すのか。そして肉〔*carne*〕は、身体の白い表面とは対照的に、とにかく血なま臭くて形が定まらない身体の内部を指すものではないのか。それならば、なぜ肉体は、画家たちの言説のなかで、つねにその〈他者〉、すなわち皮膚を意味するために援用され続けるのだろうか」。G. Didi-Huberman, *La peinture incarnée*, Paris, Minuit, 1985, 22. ナンシーは、「絵画は身体の芸術である。なぜなら、絵画は皮膚しか知らず、おしなべて皮膚だからだ」と付言している。J.-L. Nancy, *Corpus*, 17.『共同《コル》-体《プス》』、一五—一六頁。

（46） J.-L. Nancy, *Le regard du portrait*, 65.

（47） J.-L. Nancy, *Visitation (de la peinture chrétienne)*, 46.

（48） E. Panofsky, *Idea. Contribution à l'histoire du concept de l'ancienne théorie de l'art*, trad. fr. de H. Joly, Paris, Tel-Gallimard, 1983, 47-48. アーウィン・パノフスキー『イデア』中森義宗・野田保之・佐藤三郎訳、思索社、一九八二年、三六頁。強調はカルボーネ。

（49） M. Merleau-Ponty, *Signes*, 211.『シーニュ（2）』、一五頁。

（50） カーク・ヴァーネドーは、『マナオ・トゥパパウ』のテハマナについて、「従順な魅力を強調するために転倒され異国風になったマネの『オランピア』の一変移である」と書いている。K. Varnedoe, « Gauguin », 199.

（51） この感性については「カトリック教会と近代」のなかで、きわめて明確に表現されている。とくにP. Gauguin, *Oviri. Écrits d'un sauvage*, 198-199（『オヴィリ』、二〇四—二〇六頁）を参照されたい。

（52） *Cf.* M. Merleau-Ponty, *Notes des cours au Collège de France 1958-1959 et 1960-1961*, 277. 強調はカルボーネ。*Cf.* F. Nietzsche, *Le gai savoir*, trad. fr. de A. Vialatte, Paris, Gallimard, 1950, 15.「華やぐ知慧・メッシーナ牧歌」永上英廣訳、『ニーチェ全集』第十巻（第一期）所収、白水社、一九八〇年、一八頁。

（53） この主題については K. Varnedoe, « Gauguin », 183-184, 199-200 を参照されたい。

（54）　*Cf. Ibid.*, 199.

（55）　このことはそもそも、メルロ＝ポンティがエスキモーの仮面が示す性格に注目し、それについて、まさに「世界の肉」の概念に私たちを向かわせようとしている箇所からも確認できる。M. Merleau-Ponty, *La Nature*. 269 の note a′ ならびに p. 270 と p. 277 の note a また note 1 を参照のこと。

マオリ族におけるトーテミズムも同じ方向性を持つと考えられるが、この解釈については、S. Dunis, *Sans tabou ni totem*, Paris, Fayard, 2003 のとくに第十章（p. 409-436）を参照されたい。

（56）　K. Varnedoe, « Gauguin », 201.

（57）　M. Merleau-Ponty, *Résumés de cours*, 69.『言語と自然』、五〇頁。

**［訳注］**

（一）　本章の訳出に際しては、伊藤泰雄氏による既訳「野生となるにはとても時間がかかる――メルロ＝ポンティによるゴーガン、ゴーガンによるメルロ＝ポンティ」、『現代思想』二〇〇八年十二月臨時増刊号、二四二―二五五頁を適宜参照させて頂いた。

（二）　Paul Klee：一八七九―一九四〇。スイスの画家、美術理論家。ドイツ表現主義やシュルレアリスムなど、前衛芸術運動の影響を受けつつも、そのいずれにも属さない独特の作風を貫いた。バウハウスでの講義をまとめた『造形思考』が知られている。

（三）　Paul Gauguin：一八四八―一九〇三。後期印象派を代表する画家。一八九一年にフランス領タヒチに渡り、『タヒチの女たち』をはじめ数々の名画を残した。『ノアノア』はゴーガンの自伝的随想であり、このタイトルはタヒチ語で「かぐわしい香り」を意味する。

（四）　Odilon Redon：一八四〇―一九一六。フランス象徴主義を代表する画家。印象派を中心とする同世代の画家たちの作品とは一線を画し、独自の世界観で幻想的・夢想的な作品を残した。

（五）　ゴーガンがタヒチに渡って間もない頃（一八九二年から九三年）に、愛する娘のアリーヌに向けて書いたノート。アリーヌは肺炎のため一八九七年に十九歳で亡くなり、この手記を受け取ることはなかった。

（六）　Honoré-Victorin Daumier：一八〇八―一八七九。十九世紀フランスの版画家、風刺画家、彫刻家。風刺新聞「シャリヴァリ」の挿絵で、パリの人々の日常生活を描いた。

（七）　Benedetto Croce：一八六六―一九五二。イタリアの哲学者、歴史学者。ヘーゲル哲学とニーチェの「生の哲学」を結びつけ、二十世紀の思想界に大きな影響を与えた。主著に『歴史の理論と歴史』（一九一五）などがある。

（八）　André Fontainas：一八六五―一九四八。ベルギー出身の批評家であり象徴派の詩人。一八八八年からパリに定住。マラルメの「火曜会」参加者の一人で、代表作として『花々の血』『たそがれ』が挙げられる。

（九）　Plotinus：二〇五頃―二七〇。エジプト出身の哲学者。「ネオプラトニズムの創始者」と呼ばれる。主著は『エンネアデス』。

（一〇）　Erwin Panofsky：一八九二―一九六八。ドイツ出身の美術史学者。主著『イコノロジー研究――ルネサンス美術における人文主義の諸テーマ』（一九三九）の中で、「イコノロジー（図像解釈学）」を「イコノグラフィー（図像学）」から区別する必要性を説いた。

## 第三章

### [原注]

（1）　P. Klee, « Credo du créateur » (1920), dans *Théorie de l'art moderne*, éd. P.-H. Gonthier, Paris, Gallimard, 1998, 34-42. これは p. 34 からの引用である。

（2）　*Ibid.*, 38. 同じく M. Merleau-Ponty, *Notes des cours au Collège de France 1958-1959 et 1960-1961*, 56, note *a* も参照されたい。

（3）　P. Klee, *Théorie de l'art moderne*, 15-33. この箇所は原著 p. 28 からの引用である。*Cf.* M. Merleau-Ponty, *Notes des cours au Collège de France 1958-1959 et 1960-1961*, 58. この主張が提起している哲学的問題については、E. Franzini, *I simboli et l'invisible. Figure e forme del pensiero simbolico*, Milano, il Saggiatore, 2008, 101 以降を参照のこと。

（4）　この引用に関しては M. Merleau-Ponty, *Phénoménologie de la perception* (1945), Paris, Gallimard, 1992, XVI（『知覚の現象学（1）』、二五頁）を参照されたい。メルロ＝ポンティが著書で言及し続けている変化の推進力は私たちの時代にも関わっていることから、本書では彼の作品を「現代的」とみなしてゆく。そして様々な文化の前兆についても——たとえそれら独自の学問やその学徒であった人々が「近代的」と呼んでいても——、そのような変化の推進力を示すものとして性格づけてゆきたい。そして私は先ほどの見解に反して、変化の推進力が問題を提起することの多い文化的枠組みの方を「近代的」と呼ぶことにする。

（5）　両者の一致の問題に関しては、「見えるもの」に関わるいくつかの主題を扱う次の文献を参照されたい。C. Fontana, « Fenomenographie. Paul Klee e il segreto pittografico della creazione », in C. Fontana (a cura di),

*Paul Klee. Preistoria del visibile*, Milano, Silvana Editoriale, 1996, 97-98. また、これとは別に「色」という主題における両者の一致を取り上げた論として、G. A. Johnson, « Thinking in Color : Merleau-Ponty and Paul Klee », in V. M. Fóti (ed.), *Merleau-Ponty : Difference, Materiality, Painting*, New Jersey, Humanities Press, 1996, 169-176 がある。そして芸術作品における時間という主題については、G. A. Johnson, « Présence de l'œuvre, un passé qui ne passe pas : Merleau-Ponty et Paul Klee », *Alter*, n. 16, 2008, 227-242 で取り上げられており、同じ著者が「パウル・クレー――死せる美」と名づけた別の論文の中心テーマも「美」である。G. A. Johnson, « Paul Klee : Mortal Beauty », *The Retrieval of the Beautiful : Thinking Through Merleau-Ponty's Aesthetics*, Evanston, Northwestern University Press, 2010, 103-141.

（6） *Cf.* M. Merleau-Ponty, *Notes des cours au Collège de France 1958-1959 et 1960-1961*, 52-61. W. Grohmann, *Paul Klee*, trad. fr. de J. Descoullaye et J. Phillipon, Paris, Flinker, 1954.

（7） M. Merleau-Ponty, *Notes des cours au Collège de France 1958-1959 et 1960-1961*, 61.

（8） *Ibid.*, 58.

（9） *Cf.* M. Merleau-Ponty, *Résumés de cours*, 178.『言語と自然』、一三〇頁。

（10） *Ibid.*, 141. 同前、一〇三頁。

（11） *Cf.* M. Merleau-Ponty, *L'œil et l'esprit*, 41.『眼と精神』、二七一頁。

（12） M. Merleau-Ponty, *Notes des cours au Collège de France 1958-1959 et 1960-1961*, 391.

（13） 「クレーの四冊にわたる『日記』は一九五六年にまとめられてドイツ語で出版された。メルロ＝ポンティが読んだフランス語訳は一九五九年に出版された。彼は一九六〇年に『眼と精神』の執筆と並行してクレーの『日記』を探究した。この芸術家は、メルロ＝ポンティが後に取り組んだ絵画論と自然哲学論のなかで、なによりも強く新しい声の一つとして現れる」。G. A. Johnson, « Thinking in Color : Merleau-Ponty and Paul Klee », 170.

（14） M. Merleau-Ponty, *Notes des cours au Collège de France 1958-1959 et 1960-1961*, 191.

（15） *Cf. ibid.*, 391. メルロ＝ポンティは少し先の箇所で次のように指摘している。「要するに、プルースト＝肉の本質。ヴァレリー＝意識は内在性ではなく生のなかに存在する。クローデル＝同時性、つまりもっともリアルなものはわれわれの真下にある。サン＝ジョン・ペルス＝〈存在〉の目覚めとしての〈詩〉。クロード・シモン＝軽信性の領域と感じる存在の領域。［ここにあるのは］見えるものと見えないもの、肉と精神という関係の転倒である。それは、一つの意味作用を、満たされた「存在」を手助けするものとみなすこと、精神の自律性を超越することである」。*Ibid.*, 392.

（16） G. Charbonnier, *Le Monologue du peintre I*, Paris, Julliard, 1959, 34. マックス・エルンストの主張は『見えるものと見えないもの』にすでにみられ（*Le visible et l'invisible*, 261）、『眼と精神』でも引用されている（*L'œil et l'esprit*, 30-31）。この問題については、拙著 *La visibilité de l'invisible, Merleau-Ponty entre Cézanne et Proust*, Hildesheim, Olms, 2001, 110-118 も参考にして頂きたい。

（17） M. Merleau-Ponty, *Notes des cours au Collège de France 1958-1959 et 1960-1961*, 190.

（18） *Ibid.*, 175.

（19） *Ibid.*, 390.

（20） M. Merleau-Ponty, *Signes*, 29.『シーニュ（1）』、二八頁。

（21） M. Merleau-Ponty, *Notes des cours au Collège de France 1958-1959 et 1960-1961*, 183.

（22） *Ibid.*, 175.

（23） M. Merleau-Ponty, *L'œil et l'esprit*, 84.『眼と精神』、二九六頁。同時性という文学表現は、とくに『失われた時を求めて』を締め括る一文（*Cf. Notes des cours au Collège de France 1958-1959 et 1960-1961*, 197.）、それは、第四章の原注15にも挙げたように、クローデル（*Cf. ibid.*, 198 *sq.*）およびクロード・シモン（*Cf. ibid.*, 204 *sq.*）を取り上げた頁にもみられる。

（24） *Notes des cours au Collège de France 1958-1959 et 1960-1961*, 183.

（25） *Ibid.*, 182-183.

（26） *Ibid.*, 183.

（27） *L'œil et l'esprit*, 41.『眼と精神』、二七一頁。

（28） *Cf. Ibid.*, 17. クリスティーヌ・ビュシ＝グリュックスマンは、メルロ＝ポンティが透視の概念によって「視覚を超える〈見ること〉、光学的－表象的という唯一の枠組みから解放された視野」の深化に貢献した点を指摘している。C. Buci-Glucksmann, *La folie du voir. De l'esthétique baroque*, Paris, Galilée, 1986, 70. クリスティーヌ・ビュシ＝グリュックスマン『見ることの狂気――バロック美学と眼差しのアルケオロジー』谷川渥訳、ありな書房、一九九五年、四七頁。

（29）『眼と精神』のなかで、感じる世界が「類似性《アナロジー》をもつ夢の世界」と定義されていることは意味深い。*L'œil et l'esprit*, 41.『眼と精神』、二七二頁。

（30） *Cf.* E. Husserl, *Logique formelle et logique transcendantale. Essai d'une critique de la raison logique* (1929), trad. fr. de S. Bachelard, « Épiméthée », Paris, P.U.F., 1957, 386. ここから、ランボーは彼自身の方法で、詩人が見者になることを、「長く、広大で、熟慮に基づいた、あらゆる感覚の錯乱によって未知なるものへ到達することと」(A. Rimbaud, *Œuvres complètes*, éd. A. Adam, « Bibliothèque de la Pleiade », Paris, Gallimard, 1972, 249.)

と定義した点が想起される。これは、メルロ＝ポンティが「それは思考停止を意味するのではない——諸感覚を錯乱することとは、諸感覚の不可分性を再び見出すために、互いの障壁を壊すことである——それによって、私の考えではなくそれらの考えが導き出されるのだ」と述べていることからも分かる（M. Merleau-Ponty, *Notes des cours au Collège de France 1958-1959 et 1960-1961*, 186. 強調はカルボーネ）。これらの見解との対比から、ジル・ドゥルーズがランボーの表現を「深くロマン主義的なカント」が書いた『判断力批判』の要約と述べたことも想起される（G. Deleuze, *Critique et clinique*, Paris, Minuit, 1993, 47. ジル・ドゥルーズ『批評と臨床』守中高明・谷正親・鈴木雅大訳、河出書房新社、二〇〇二年、七一頁）。

（31）　*Cf.* P. Klee, « Sur l'art moderne » (1924), dans *Théorie de l'art modene*, 78, trad. fr. 24. ドイツ語の *Jawort* は結婚の「承諾」を意味する。*Notes des cours au Collège de France 1958-1959 et 1960-1961* の、p. 56, note *a*' も参照のこと。

（32）　P. Claudel, *L'œil écoute* (1946), Paris, Gallimard, 1990. メルロ＝ポンティは、プルーストと「同じ企てを、より過激な方法で試み直す」作家の一人であるクローデルに捧げた講義録の一部で、とりわけ『眼は聴く』を参照して、「反プラトン主義。確かに見えるものがすべてではない——だが、見えるもの以上に真実なのは、その分身であり影なのである」と書いている。M. Merleau-Ponty, *Notes des cours au Collège de France 1958-1959 et 1960-1961* の、とくに p. 198 と p. 201 を参照されたい。

（33）　この点についてはまた、M. Dufrenne, *L'œil et l'oreille*, Montréal, Éditions de l'Hexagone, 1987, 115 も参照のこと。

（34）　M. Merleau-Ponty, *L'œil et l'esprit*, 63.『眼と精神』、二八五頁。

（35）　M. Merleau-Ponty, *Le visible et l'invisible*, 272.『見えるものと見えないもの』、三一六頁。音楽と現代絵

画の相関性については、M. Merleau-Ponty, *Notes des cours au Collège de France 1958-1959 et 1960-1961*, 61-64 で追求されている。

(36) M. Merleau-Ponty, *Notes des cours au Collège de France 1958-1959 et 1960-1961*, 56.

(37) *Cf.* la lettre à Mersenne du 20 novembre 1629, dans R. Descartes, *Œuvres*, éd. Adam-Tannery, Paris, Vrin, 1996, vol. I, 76-82.

(38) M. Merleau-Ponty, *Notes des cours au Collège de France 1958-1959 et 1960-1961*, 183. この点についてはすでに『眼と精神』の原著 p. 44, note 13 で言及されている。「科学とは、絵画がどういう仕組みでわれわれにものを見せてくれるのかという仕組みの体系を研究対象とする。それならば、どうしてわれわれは系統的な方法で、完璧な世界像を、つまり個々の流儀から解放された普遍的絵画のようなものを作り出そうとしないのだろうか。だが、それは普遍言語が現存の言語の間にみられる混乱した対応関係を除いてくれると考えるようなものであろう」。『眼と精神』、二七四頁。

(39) M. Merleau-Ponty, *Notes des cours au Collège de France 1958-1959 et 1960-1961*, 186.

(40) *Ibid.*, 187.

(41) *Ibid.*

(42) *Cf. ibid.*, 189.

(43) *Cf. ibid.*, 186. ランボーの引用については、『見者の手紙』の草案とみなされている「ジョルジュ・イザンバール宛書簡」〔(13) mai 1871〕を参照のこと。A. Rimbaud, *Œuvres complètes*, 248-49. 後に『シーニュ』におさめられることになる「人間と逆行性」と題された一九五一年の講演のなかでメルロ＝ポンティは、『見者の手紙』がもたらす詩的経験を別の見解と合わせて次のように述べている。「文学においては、久しい以前から日常言語は忌避されてきました。マラルメとランボーの試みは、それらがどれほど互いに異なるものであろうと、言語を「自明性」の支配から解放し、新しい意味の関係を創り出し獲得するために言語を信頼した点で共通しています。ですから、作家にとって言語とは（かつてはそうであったとしても）他所から与えられた意図を伝えるためのたんなる道具や手段として存在することをやめてきたのです。今や言語は作家と一体化し、言語が作家そのものとなりました。言語はもはや意味の奴隷ではなく、意味づけの働きそのものであり、話し手や作家は、生きている人間がその動作の細部や手段をあらかじめ熟考するにおよばないのと同様に、言語を自らの意志で統御するに及ばないのです。［……］言語の専門家である作家とは、不確かさの専門家なのでしょう」。M. Merleau-Ponty, *Signes*, 295.『シーニュ（2）』、一三九頁。これに加えて別の比較を行うならば、ハイデガーによるランボーへの関心も指摘できよう——それは、メルロ＝ポンティがルネ・シャールと交わした手紙をもとに書いた内容からも明らかである。以下の文献はその一例である。M. Heidegger, « Rimbaud vivant », trad. fr. de R. Munier, dans M. Haar (dir.), *Heidegger*, « Cahier de l'Herne », Paris, L'Herne, 1983, 110-111.

（44）　C. Buci-Glucksmann, *La folie du voir. De l'esthétique baroque*, 71.『見ることの狂気——バロック美学と眼差しのアルケオロジー』、四八頁。

（45）　M. Richir, *Essences et "intuition" des essences chez le dernier Merleau-Ponty*, dans *Phénomènes, temps et êtres. Ontologie et phénoménologie*, Grenoble, Millon, 1987, 79.

（46）　この点については、メルロ＝ポンティが『見えるものと見えないもの』の「問いかけと直観」の章（原著 p. 155）で展開した、肉から離れた——「純粋な観察者」が行使する——本質直観というフッサールの〈神話〉に対する批判を想起すべきであろう。また、その研究ノートにおいても「見ることとは、本質

〔*Wesen*〕をつかむために考えることが求められないような思考なのだ」（*Ibid*., 301.『見えるものと見えないもの』、三六一頁）という指摘がみられる。

（47） M. Merleau-Ponty, *Le visible et l'invisible*, 319.『見えるものと見えないもの』、三九三頁。

（48） *Ibid*., 138.『見えるものと見えないもの』、一四二頁。強調はカルボーネ。

（49） パウル・クレーに関する講義録のなかで、メルロ＝ポンティは画家の「アイロニー」も「同じく哲学となりうる」（言うまでもなく暗示的に）と指摘した上で、「哲学が存在を所有することはあるのか」と問いかけている。M. Merleau-Ponty, *Notes des cours au Collège de France 1958-1959 et 1960-1961*, 58.

（50） M. Merleau-Ponty, *Le visible et l'invisible*, 138.『見えるものと見えないもの』、一四二頁。

（51） M. Merleau-Ponty, *Le langage indirect et les voix du silence*, dans *Signes*, 127.『シーニュ（1）』、一二〇頁。

（52） メルロ＝ポンティは「哲学と文学」という意味深いタイトルをつけた研究ノートのなかで、このような創作作品について次のように述べている。「根本的な意味で創作、つまり同時に一致であり、一致を獲得するための唯一の方法としての創作なのである」。M. Merleau-Ponty, *Le visible et l'invisible*, 251.『見えるものと見えないもの』、二八一頁。創作の概念とクレーの「見えるようにすること」という概念との類似については次の論を参考にされたい。C. Fontana, « Fenomenografie. Paul Klee e il segreto pittografico della creazione », 99 *sq*.

（53） M. Merleau-Ponty, *Résumés de cours*, 71.『言語と自然』、五一頁。

（54） M. Merleau-Ponty, *Le visible et l'invisible*, 319.『見えるものと見えないもの』、三九二頁。また、『見えるものと見えないもの』から度々引用される次の文章も参照のこと。「見る者は見えるものによって所有され、それによって存在するのでないかぎり、見えるものをつかむことはできない」。*Ibid*., 177-178. この文章から、メルロ＝ポンティが所有へのあらゆる意思を排除することではなく、むしろ所有における原初的で還元不可能な相互性を認識することを問題にしていた点がうかがえる。

(55) 第二章の原注9を参照されたい。また、すでに見たようにメルロ＝ポンティが比較したルネサンスの未来予測に関する論と、普遍言語に関するデカルトの観念にも意識を向けるべきであろう。（第三章の原注38参照）

(56) じっさい、ドゥルーズはクレーとバロックの間の〈共通点〉を強調している（G. Deleuze, *Le pli. Leibniz et le Baroque*, Paris, Minuit, 1988）。ドゥルーズとメルロ＝ポンティを結びつけるバロックの啓示については、次の著書を参考にされたい。P. Gambazzi, « La piega e il pensiero. Sull'ontologia di Merleau-Ponty », *autaut*, n. 262-263, 1994, 21-47. また、クリスティーヌ・ビュシ＝グリュックスマンは、〈晩年の〉メルロ＝ポンティにみられる美学的存在論とバロックの存在論的美学の共通点をテーマにしている。C. Buci-Glucksmann, *La folie du voir. De l'esthétique baroque* の、とくに p. 73 と p. 85-86 を参照されたい。

(57) M. Merleau-Ponty, *Signes*, 228.『シーニュ（2）』、三七―三八頁。

(58) 「どこにもあり、どこにもない」は六節あり、メルロ＝ポンティが編纂した『著名な哲学者たち』（Paris, Mazenod）という撰集の五章からなる本論の序文として書かれた。

(59) M. Merleau-Ponty, *Signes*, 224.『シーニュ（1）』、二二七頁。

(60) *Ibid.* 同前。

(61) *Ibid.* 同前、三六頁。

(62) M. Merleau-Ponty, *Le visible et l'invisible*, 274.『見えるものと見えないもの』、三二〇頁。

(63) M. Perniola, « Presentazione », in B. Gracian, *Agudeza y arte de ingenio* (1648), trad. it. de G. Poggi, Palermo,

Aesthetica, 1986, 19. ビュシ＝グリュックスマンによるメルロ＝ポンティとグラシアンとの関連性の指摘については C. Buci-*Glucksmann, La folie du voir. De l'esthétique baroque*, 85.（邦訳五八頁）を参照のこと。

（64） J. Taminiaux, « Les tensions internes de la *Critique du Jugement* », dans *La nostalgie de la Grèce à l'aube de l'idéalisme allemand. Kant et les Grecs dans l'itinéraire de Schiller, de Hölderlin et de Hegel*, La Haye, M. Nijhoff, 1977, 61. このテーマについては、やはり先ほど引用した拙著を御覧頂きたい。*La visibilité de l'invisible. Merleau-Ponty entre Cézanne et Proust*, 151-170.

**[訳注]**

（一） Will Grohmann：一八八七―一九六八。ドイツの美術史家、美術評論家。元ニュルンベルク近代美術研究所長。クレーとカンディンスキーのモノグラフで知られる。

（二） Marcel Proust：一八七一―一九二二。著名な医学博士の長男としてパリのオートゥイユで生まれる。「花咲く乙女たちのかげに」（『失われた時を求めて』）がゴンクール賞を受賞。

（三） Paul Valéry：一八七一―一九四五。フランスの小説家、詩人、評論家。マラルメに師事する。主著に『若きパルク』、『レオナルド・ダ・ヴィンチの方法序説』、『テスト氏』などがある。

（四） Paul Claudel：一八六八―一九五五。フランスの劇作家、詩人、外交官。一九二一年（大正十年）から六年間、駐日大使として日仏文化交流に貢献した。主著に『マリアへのお告げ』、『繻子の靴』などがある。

（五） Saint-John Perse：一八八七―一九七五。フランスの詩人、外交官。ボルドー大学で法学を学ぶ。一九六〇年にノーベル文学賞を受賞した。

（六） Claude Simon：一九一三―二〇〇五。フランスの小説家。ロブ＝グリエ、ビュトール、サロートらと共にヌーヴォー・ロマンの旗手と見なされる。一九八五年にノーベル文学賞を受賞。主著に『フランドルへの道』（一九六〇）などがある。

（七）　Arthur Rimbaud：一八五四―一八九一。十九世紀フランスの詩人。詩作は十五歳からのわずか数年間だったが、『地獄の季節』『イリュミナシオン』など近代詩を代表する作品を残した。

（八）　Max Ernst：一八九一―一九七六。ドイツ生まれのフランスの画家。一八二二年にパリに移住し、シュルレアリスム運動の主要メンバーとして活躍。

（九）　Leonardo da Vinci：一四五二―一五一九。イタリアのルネサンス期を代表する芸術家。『最後の晩餐』（一四九五―一四九八）は一点透視図法で描かれた作品として知られる。

（一〇）　Charles Baudelaire：一八二一―一八六七。フランスの詩人、評論家。生前に発表した唯一の詩集『悪の華』によってフランス近代詩の創始者となった。

（一一）　Marin Mersenne：一五八八―一六四八。フランスの哲学者、数学者。デカルトの友人。一六三五年から科学アカデミー（メルセンヌ・アカデミー）を主宰し、ガリレオをはじめ多くの学者と交流した。学者らと交わした膨大な書簡が残されている。

（一二）　Christine Buci-Glucksmann：パリ第八大学名誉教授。一九七〇年代にエンゲルスやグラムシの研究を行ない、『グラムシと国家』（一九七五）を著した。その後、美学研究に転じ、バロック文学とポストモダニズムとの関連を追求した。主著に『見ることの狂気――バロック美学と眼差しのアルケオロジー』（一九八六）などがある。

（一三）　Gilles Deleuze：一九二五―一九九五。フランスの哲学者、思想家。ヒューム、スピノザ、ベルクソン、ニーチェらの思想を解読し、数学の微分概念に着目して「差異の哲学」を構築した。映画論や絵画論でも有名。主著に『差異と反復』（一九六八）などがある。

（一四）　Jacques Taminiaux：一九二八—。ベルギーの哲学者。ルーヴァン・カトリック大学で教鞭をとる。人文科学の功績によって一九七七年にフランキ賞（ベルギー学術界の賞）を受賞した。主著に『哲学者の舞台——悲劇、存在、行動』（未邦訳、一九九八）などがある。

## 第四章

**［原注］**

（1）　M. Merleau-Ponty, « Le cinéma et la nouvelle psycologie » (1947), dans *Sens et non-sens*, 61-75.「映画と新しい心理学」、『意味と無意味』所収、永戸多喜雄訳、国文社、一九七〇年、八五—一〇四頁。

（2）　*Ibid*., 62-63. 同前、八七頁。

（3）　*Ibid*., 62-63. 同前、八八頁。

（4）　*Ibid*., 64. 同前、八九頁。

（5）　*Ibid*., 66. 同前、九一—九二頁。

（6）　*Ibid*., 67. 同前、九二頁。

（7）　*Ibid*. 同前。

（8）　*Ibid*., 68. 同前、九四頁。

（9）　*Ibid*. 同前。

（10）　E. Paci, *Introduzione* à M. Merleau-Ponty, *Senso e non senso*, trad. it. de P. Caruso, Milano, Il Saggiatore, 1962, ensuite Milano, Garzanti, 1974, 13.

(11)　M. Merleau-Ponty, *Sens et non-sens*, 69.『意味と無意味』、九四頁。

(12)　*Ibid*. 同前。

(13)　*Ibid*. 同前。

(14)　*Cf*. P. Rodorigo, « Merleau-Ponty. Du cinéma à la peinture : le “vouloir-dire” et l’expression élémentaire » (2005), dans *L’intentionnalité créatrice. Problèmes de phénoménologie et d’esthétique*. この箇所は p. 234-255 より引用。

(15)　*Ibid*., 250.

(16)　*Ibid*.

(17)　*Ibid*., 252.

(18)　*Ibid*., 253.

(19)　*Ibid*.

(20)　*Cf*. P. Rodorigo, « Merleau-Ponty. Du cinéma à la peinture : le “vouloir-dire” et l’expression élémentaire ».

(21)　M. Merleau-Ponty, *Sens et non-sens*, 68.『意味と無意味』、九四頁。

(22)　J.-P. Charcosset, *Merleau-Ponty. Approches phénoménologiques*, Paris, Hachette, 1981, 23.

(23)　M. Merleau-Ponty, *Sens et non-sens*, 61.『意味と無意味』、八五頁。

(24)　この問題については、次を参照のこと。J.-P. Sartre, « Défense et illustration d’un Art international » (1924 ou 1925), dans *Écrits de jeunesse*, édition établie par M. Contat et M. Rybalka, Paris, Gallimard, 1990, 390.「われわれはベルクソンが別の場所で音楽について語ったことを［映画に］当てはめられる」。

(25)　M. Merleau-Ponty, *Sens et non-sens*, 62.『意味と無意味』、八六―八七頁。

（26） *Ibid.*, 69. 強調はカルボーネ。

（27） *Ibid.* 同前。

（28） *Cf.* M. Merleau-Ponty, *Phénoménologie de la perception*, 253-254.『知覚の現象学（2）』、二六―二八頁。

（29） M. Proust, *Du côté de chez Swann*, dans *À la recherche du temps perdu*, édition publiée sous la direction de J.-Y. Tadié, « Bibliothèque de la Pléiade », Paris, Gallimard, 1987, vol. I. 343.『失われた時を求めて2　第一篇　スワン家の方へII』鈴木道彦訳、集英社文庫、二〇〇六年、三五〇―三五一頁。

（30） M. Merleau-Ponty, *Sens et non-sens*, 62-63.『意味と無意味』、八七頁。

（31） *Ibid.*, 62-63. 同前。

（32） H. Bergson, *L'évolution créatrice* (1907), « Quadrige », Paris, P.U.F., 2007, 305. 強調はベルクソン。

（33） M. Merleau-Ponty, *Sens et non-sens*, 69.『意味と無意味』、九四頁。

（34） *Ibid.*, 71. 同前、九七頁。

（35） *Ibid.*, 72. 同前、九九頁。

（36） J.-P. Charcosset, *Merleau-Ponty. Approches phénoménologiques*, 22.

（37） M. Merleau-Ponty, *Sens et non-sens*, 72.『意味と無意味』、九九頁。

（38） I. Kant, *Critique de la faculté de juger* (1790), trad. fr. de A. Philnenko, Paris, Vrin, 1986, § 49, 143-144.

（39） M. Merleau-Ponty, *Sens et non-sens*, 73.『意味と無意味』、一〇一頁。

（40） *Ibid.*, 73. 同前、一〇〇―一〇一頁。

（41） *Ibid.*, 68. 同前、九四頁。

（42） M. Proust, *Du côté de chez Swann*, dans *À la recherche du temps perdu*, 343.『失われた時を求めて2　第一

篇　スワン家の方へII』、三五〇頁。強調はカルボーネ。

(43)　M. Merleau-Ponty, *Sens et non-sens*, 74.『意味と無意味』、一〇二頁。

(44)　*Ibid.*, 74. 同前、一〇二頁。

(45)　*Ibid.*, 63. 同前、八八頁。

(46)　*Ibid.*, 75. 同前、一〇二―一〇三頁。

(47)　C. Metz, « Le cinéma : langue ou langage ? » (1964), dans *Essais sur la signification au cinéma*, Paris, Klincksieck, tome I, 1968, 4e tirage 1978, 50. この引用箇所について教えてくださったアンナ・カトリーナ・ダルマッソに感謝申し上げる。クリスチャン・メッツ『映画における意味作用に関する試論――映画記号学の基本問題』浅沼圭司監訳、水声社、二〇〇五年、八〇頁。

(48)　*Ibid.* 同前、八〇―八一頁。

(49)　M. Merleau-Ponty, *Sens et non-sens*, 75.『意味と無意味』、一〇三頁。

(50)　*Cf.* S. Kristensen, « Maurice Merleau-Ponty, une esthétique du mouvement », *Archives de Philosophie*, 69, 2006, 137, note 31.

(51)　M. Merleau-Ponty et J.-L. Godard (propos recueillis par), « Le testament de Balthazar », *Cahier du cinéma*, 177, 1966, 58-59. この文献を教えて下さったシモーヌ・フランジに御礼申し上げる。

(52)　M. Merleau-Ponty, *Notes des cours au Collège de France 1958-1959 et 1960-1961*, 390-391.

(53)　*Ibid.*, 391.「根本的な思考」という表現がここで示しているのは、まさしく「おのずと生まれる哲学〔philosophie spontanée〕」や「思考なき〔*Ungedachte*〕思考」であり、本来の哲学的思考がまだ真の意味では思考されていない状況での人間と〈存在〉との関係が取り上げられている。

（54） M. Merleau-Ponty, *Notes des cours au Collège de France 1958-1959 et 1960-1961*, 391.

（55） *Ibid.*

（56） *Ibid.*

（57） *Ibid.* 映画の誕生と運動に関する哲学的考察の伝統との関連を初めて総体的にとらえた記述として、P. Montebello, *Deleuze, philosophie et cinéma*, Paris, Vrin, 2008, 11-16 が挙げられる。

（58） M. Merleau-Ponty, *Notes des cours au Collège de France 1958-1959. et 1960-1961*, 166.

（59） M. Merleau-Ponty, *Le visible et l'invisible*, 208.『見えるものと見えないもの』、二二〇頁。

（60） M. Merleau-Ponty, *L'œil et l'esprit*, 78.『眼と精神』、二九三頁。

（61） M. Merleau-Ponty, *Résumés de cours*, 19.『言語と自然』、一二頁。

（62） サントベールは「メルロ＝ポンティにおける意識と表現」というタイトルのエッセイのなかで、この書き起こしについて述べている。*Chiasmi international*, nouvelle série, 10, 2008, 85-106. ここでは次のように強調されている。「この資料は、メルロ＝ポンティの哲学探究のなかで特権的な位置をしめる。これは彼が「言語の文学的役割についての探究」の一環でコレージュ・ド・フランスで最初に行った講義である。メルロ＝ポンティが準備に多大な労力を費やしたこの論は、約一三〇頁の長さに及ぶ。また、この講義が行われた一九五三年初頭は、メルロ＝ポンティがもっとも実存主義的であった時期（一九四五—四九）を経て、ソルボンヌで三年にわたって講義を行った時期（一九五〇—五二）という点からも重要である。肉という概念の誕生と表現というテーマの出現もこれら二つの時期であって、とくに一九四九年初頭にはメキシコで講演し、その二年後には「人間と逆境」に関する講演、そして『世界の散文』の草稿の主要部分が書かれた。「感じられる世界と表現の世界」についての講義は、その名のとおりメルロ＝ポンティの主要な理論における中心テーマである知覚と、より最近のテーマである表現とを結びつけている」。*Ibid.*, 85-86.

(63) クリステンセンは、「モーリス・メルロ＝ポンティ、運動の美学」という題のエッセイのなかで、この講義録の書き起こしについて述べている。*Archives de Philosophie*, 69, 2006, 123-146. 彼は講義ノートの探究を通して「メルロ＝ポンティの運動に関する現象学、そして彼の現象学と映画とのかかわり」を集中的に考察し、「ジャン＝リュック・ゴダールと現象学とのかかわりを取り上げること。そしてドゥルーズによる映画へのアプローチについての対話の先見性を示すこと」を最終目標としていると意味深く述べている(*Ibid.*, 123.)。本書でも以後、メルロ＝ポンティの「感じられる世界と表現の世界」の講義録を引用してゆくが、書き起こしを行ったサントベールとクリステンセンの記載法にならって、タイトルの略称 *MSME* と頁数のみを記す。

(64) M. Merleau-Ponty, *Résumés de cours*, 13.『言語と自然』、八―九頁。

(65) *Ibid.* 同前、九頁

(66) *Cf.* M. Merleau-Ponty, *MSME*, 39, 40, 61, 66, 150.

(67) M. Merleau-Ponty, *Phénoménologie de la perception*, 313.『知覚の現象学（2）』、一〇〇頁。*Cf. ibid.*, 317. 同前、一〇五頁。そこでメルロ＝ポンティはヴェルトハイマーを参照して次のように述べている。「心理学者がわれわれを連れ戻すのも、このような現象学的な基層である。この基層が非合理的で非論理的であると言いたいわけではない。そう言えるのは、動体なき運動の位置づけのみであろう」。

(68) *Cf.* M. Merleau-Ponty, *MSME*, 60, cité par S. Kristensen, 128. クリステンセンはメルロ＝ポンティが次の点を認めていたと述べている。「ベルクソンの論では、暗に身体が参考にされているが「知覚する身体の理論」はみられない。そこでは「現象の秩序における」運動の問題が扱われていないため、この世の時間性にみられる分割しうる持続と意識の持続そのものとを同一視するに至ったのだ」。*Ibid.*

（69） M. Merleau-Ponty, *MSME*, 70.

（70） S. Kristensen, « Maurice Merleau-Ponty, une esthétique du mouvement », 129.

（71） *Cf. ibid.*, 136, note 27.

（72） G. Sadoul, *Dictionnaire des Films* (1965). 後にエミール・ブルトンによって再版された。E. Breton, Paris, Seuil, 1976, 278.

（73） *Cf.* M. Merleau-Ponty, *Sens et non-sens*, 71.『意味と無意味』、九六頁。

（74） 次の書に引用されている。G. Sadoul, *Dictionnaire des Films*, 561.

（75） メルロ＝ポンティはこの主題について講義録のなかで「あるがままの知覚のロゴス――（身体）」（*MSME*, 88）と書いている。

（76） M. Merleau-Ponty, *Résumés de cours*, 15.『言語と自然』、一〇頁。

（77） M. Merleau-Ponty, *L'œil et l'esprit*, 78.『眼と精神』、二九三頁。このフレーズと『新学期 操行ゼロ』のシークエンスとの関わりについては、アンナ＝カトリーナ・ダルマッソによる発表、「メルロ＝ポンティの映画に関する考察」〔*La riflessione di Merleau-Ponty sul cinema*〕を参照のこと。この発表は二〇〇八年から二〇〇九年に私がミラノ大学で行った現代美学〔*Estetica contemporanea*〕に関する講義の一環で開催されたセミナー（« Estetica del Novecento : percosi di interpretazione »）でも取り上げられている。さらにダルマッソは、メルロ＝ポンティが *MSME*, 84-85 のなかで引用しているジャン・エプスタインの著書『機械の知性』〔*L'intelligence d'une machine*〕のなかでスローモーションの効果について書かれた次の箇所が、メルロ＝ポンティのメタファーと類似していることを指摘している。「反対に、スローモーション撮影では、フォルムの分解が確認される［……］。すべての人間は、たんなる平滑筋と化して密度の濃い空間を泳ぐ。そこではつねに古代の海の動物と母なる海の子孫たちを重い流れが支え、形作る。映写速度がさらに遅まると、あらゆる生命体はその基盤をなす粘液質のものに還元されて、膠質《コロイド》状の本質をあらわにする」。J. Epstein, *L'intelligence d'une machine*, Paris, Éditions Jacques Melot, 1946, 59. *Cf.* A. C. Dalmasso, *Movimento della visione. L'ontologie merleau-pontiana nello specchio del cinema*, Mémoire de Master 2 en « Science philosophiques », Milano, Università degli Studi, année universitaire 2009-10, 106-107.

（78）　メルロ＝ポンティとビル・ヴィオラの探究との「接点」については、次の文献を参照されたい。*Cf.* I. Matos Dias, « Croisement de regards. La phénoménologie de M. Merleau-Ponty et l'art vidéo de Bill Viola », *Daimon, Revista de Filosofia*, número 44, Mayo-Agosto 2008, 85-92.

（79）　M. Merleau-Ponty, *MSME*, 70. 彼は『シーニュ』の「序文」に「世界は、〈存在〉は、運動のなかにしか存続せず、あらゆる物は、そのことによってのみ同時に存在しうるのだ」と書いている。M. Merleau-Ponty, *Signes*, 30.『シーニュ（1）』、三〇頁。

（80）　M. Merleau-Ponty, *Causeries 1948*, établies et annotées par S. Ménasé, Paris, Seuil, 2002, 57. モーリス・メルロ＝ポンティ『知覚の哲学』菅野盾樹訳、ちくま学芸文庫、二〇一一年、三四六―三四七頁。

（81）　*Ibid.*, 57-58. 同前。

（82）　「映画と新しい心理学」（*Cf.* M. Merleau-Ponty, *Sens et non-sens*, 71, 74）の例とは異なり、この講義要録とノートにはアンドレ・マルローの名やマルローの映画に対する考え方は一度も引用されていないが、私はここで、メルロ＝ポンティの講義において映画が芸術として特徴づけられていることと、マルローが『映画心理学試論』（この本は一九四〇年にVerve誌に掲載され、まさにメルロ＝ポンティがパリ映画学院で行った講演の原稿においても言及されている。一九四八年の談話でもやはりマルローの論文への反応がみられる）に書いた内容との一致を指摘することに意味があると考えている。この主題についてマルローは、論文のなかで次のように書いている。「映画が、動いている登場人物を再現する手段でしかないとしたら、それはたんに再現のための蓄音機や写真機でしかないということになる。限られた空間——通常、真実らしい、あるいは想像的な演劇の一場面——のなかで俳優たちは動き回り、ある劇や笑劇を演じ、カメラがそれを記録するだけだった。（再現の手段ではなく）表現の手段としての映画は、このような限られた空間を壊すことで誕生した」（A. Malraux, « Esquisse d'une psychologie du cinéma » (1940), dans *Écrits sur l'art*, I, J.-Y. Tadié (dir.), avec la collaboration d'A. Goetz, C. Moatti et F. de Saint-Cheron, « Bibliothèque de la Pléiade », Paris, Gallimard, 2004, 5-16. 右の引用は p. 8)。そして、その少し先で「映画は動く写真によって生み出されたが、それを表現するのはショットの連続である」と書いている。

（83） M. Merleau-Ponty, *Résumés de cours*, 20.『言語と自然』、一二頁。

（84） *Ibid.*, 29-30. 強調はカルボーネ。

（85） M. Merleau-Ponty, *L'œil et l'esprit*, 17.『眼と精神』、二五八頁。強調はカルボーネ。

（86） A. Bazin, *Ontologie de l'image photographique* (1945), dans A. Bazin, *Qu'est-ce que le cinéma ?*, Paris, Cerf, 2010, 9-17.

（87） *Ibid.*, 16.

（88） M. Merleau-Ponty, *L'œil et l'esprit*, 23.『眼と精神』、二六一頁。

（89） これは、ルナール・バルバラが次のように判断する際に認識していないように思われる点である——「メルロ＝ポンティはまさにフッサールのように、主体を知覚の関係から考えるかわりに、その二分法（経験的／超越的）が十分に問われていない主体から関係を構築しようと試みる。すなわち、フッサールに対峙して、それを乗り越えるには、超越的な純粋主体よりも、受肉した主体から出発することが重要である」。R. Barbaras, *Vie et intentionnalité. Recherches phénoménologiques*, Paris, Vrin, 2003, 156.

（90） M. Merleau-Ponty, *Le visible et l'invisible*, 173.『見えるものと見えないもの』、一八二頁。

（91） *Ibid.*, 192. 同前、二〇三頁。強調はカルボーネ。

（92） *Ibid.*, 199. 同前、二一一頁。

（93）「比喩的に言えば、感じられる身体と感じる身体は表と裏のようなもの、さらには円環をなす一つの軌道の二つの弧のようなものとされる。その軌道は、上部では左から右に、下部では右から左に進むが、二つの位相を持った一つの運動にすぎないのだ」。*Ibid.*, 182. 同前、一九一頁。

（94） M. Merleau-Ponty, *L'œil et l'esprit*, 83-84.『眼と精神』、二九六頁。

（95） *Ibid.*, 24.『眼と精神』、二六一頁。

（96） *Ibid.* 同前。

（97） M. Merleau-Ponty, *Le visible et l'invisible*, 185.『見えるものと見えないもの』、一九五頁。

（98） *Cf.* J.-L. Godard, *JLG/JLG*, *Phrases*, Paris, P.O.L., 1996, 69-71.『見えるものと見えないもの』、一九五―一九六頁。

（99） *Cf.* F. Cassetti, *L'occhio del Novecento. Cinema, esperienza, modernità*, Milano, Bompiani, 2005. とくに p. 255 を参照されたい。カセッティはこのテーマについて、まさに晩年のメルロ＝ポンティの著書にみられる考えを参照している。私がこれから示す考察のいくつかは、カセッティの本から啓示を受けたものである。

（100） M. Merleau-Ponty, *L'œil et l'esprit*, 87.『眼と精神』、二九八頁。

(101) ジャン・ボードリヤールは彼自身の方法で、シミュラークルを歳差形象と定義している。「今後、地図こそ領土に先立つ切り札となるだろう――シミュラークルの歳差――地図こそが領土を生み出すのだ」。J. Baudrillard, « La précession des simulacres », dans *Simulacres et simulations*, Paris, Galilée, 1981, 10. ジャン・ボードリヤール『シミュラークルとシミュレーション』竹原あき子訳、法政大学出版局、一九八四年、二頁。

(102) メルロ＝ポンティの未刊のノートのなかで「歳差」という語が現れる箇所については、未刊を意味する記号 B. N. と該当頁を記す。該当頁については、草稿の通し番号を用いるが、特定できない頁については、メルロ＝ポンティが記録した頁番号に従った。この記載法については次の文献を参考にした。*Cf.* E. Saint Aubert, *Du lien des êtres aux éléments de l'être : Merleau-Ponty au tournant des années 1945-1951*, Paris, Vrin, 2004, « Note technique et bibliographique », 9-10.

(103) R. Arnheim, *Art and Visual Perception*, Berkeley, The University of California Press, 1954.「歳差」という語が現れる未刊のノートについては次を参照して頂きたい。*Cf.* B. N., volume XXI, NL-Arnh [53] (50).

(104) *Cf.* B. N., volume V, OE-ms [36]v(53) et [94](42).

(105) B. N., volume VII, NLVIaf3 [186].

(106) B. N., volume VII, NLVIaf3 [181].

(107) B. N., volume VII, NLVIaf3 [181].

(108) ここで検討したメルロ＝ポンティの定義が、晩年の彼とバザンとに共通する理論の核とされているのは偶然ではない。ピエトロ・モンターニは次のように書いている。「事実、メルロ＝ポンティと同じ現象学者であったバザンは、想像力との存在論的なかかわりを見出した。それは「流れ」や「還流」から映像が生まれ出ることであり、物から形式、形式から物に向かうヴィジョン、所与から感覚、感覚から所与に向かうヴィジョンの往復運動によって構成される」。P. Montani, *L'immaginazione narrativa. Il raconto del cinema oltre i confini dello spazio letterario*, Milano, Guerini e Associati, 1999, 74.

(109) M. Merleau-Ponty, *L'œil et l'esprit*, 86.『眼と精神』、二九七頁。

(110) M. Merleau-Ponty, *Le visible et l'invisible*, 296.『見えるものと見えないもの』、三五四－三五五頁。

(111) *Ibid.*, 43. 同前、四〇頁。

(112) *Cf.* G. Didi-Huberman, *Devant le temps. Histoire de l'art et anachronisme des images*, 239-240.『時間の前で』二四二頁。

(113) M. Merleau-Ponty, *Notes des cours au Collège de France 1958-1959 et 1960-1961*, 115.

(114) M. Merleau-Ponty, *L'œil et l'esprit*, 35.『眼と精神』、二六八頁。

(115) *Cf.* M. Merleau-Ponty, *Le visible et l'invisible*, 196-198.『見えるものと見えないもの』、二〇七頁。

(116) *Cf.* M. Carbone, *Proust et les idées sensibles*.

(117) 「ところが、ここには画面のないヴィジョンは存在しないのだ。われわれが語っている理念とは、もしわれわれに身体も感性もないとしたら、より良く理解されるものではないであろうし、その場合、それらの理念に近づくことは不可能になってしまうだろう」。M. Merleau-Ponty, *Le visible et l'invisible*, 196.

(118) このように「画布の表面に現れ、繰り返し現れる」「微笑み」は、映像であると同時に本質であると言うことができよう。つまり、これはメルロ＝ポンティが少し先で述べているように、「肉の本質」として現れるのだ。

(119) M. Merleau-Ponty, *L'œil et l'esprit*, 35.『眼と精神』、二六八頁。

(120) ドゥルーズが『イメージ－時間』を上梓した際に「カイエ・デュ・シネマ」誌上で行った対談の最後

に述べた考えは、この見解に似ている。「じっさいに興味深いのは、［映画の］映像が今ここにないことが私にとって明らかに思われる点です。今ここにあるのは、映像が〈表象〉しているものなのであって、映像そのものではないのです。映像そのものとは、時間の諸関係の総体です」。ドゥルーズはこの少し後でプルーストに応じて、「その都度、それは純粋状態の一時であり、現在ではありません」と述べている。G. Deleuze, « Le cerveau, c'est l'écran », *Cahiers du Cinéma*, n. 380, Février 1986, 32.

(121) 同じく、画家たちが制作を始める前に画布を「固定観念」から解放しようと葛藤することも、この定義と関連している。D・H・ロレンスはセザンヌに関してこの葛藤に触れており（*Cf.* D. H. Lawrence, *La beauté malade* (1929), trad. fr. de C. Malroux, Paris, Allia, 1993, 9 *sq.*)、それをドゥルーズがベーコン論のなかで再度取り上げて、画家の仕事の本質は白い表面に「外部の客体を再現する」ことではないと強調している。G. Deleuze, *Francis Bacon. Logique de la sensation*, Paris, La Différence, 1981, volume I, 57. ジル・ドゥルーズ『感覚の論理——画家フランシス・ベーコン論』山縣熙訳、法政大学出版局、二〇〇四年、五三頁。

(122) M. Merleau-Ponty, *Résumés de cours*, 69.『言語と自然』、五〇頁。周知のとおり、ドゥルーズはイタリアのネオレアリスモを論じて「われわれは、まさに不確定性や識別不可能性といった原理に陥っており、状況のなかで、何が想像か現実か、何が物理で何が精神的なのかがもはや分からなくなっている。それは、これらを混同しているためではなく、それを知る必要がなく、それを問う余地さえないからだ。まるで現実と想像が識別不可能な点をめぐって互いに追いかけ合い、それぞれのなかで反映し合っているかのようである」（G. Deleuze, *Cinéma 2. L'image-temps*, Paris, Minuit, 1985, 15 ジル・ドゥルーズ『シネマ2＊時間イメージ』宇野邦一ほか訳、法政大学出版局、二〇〇六年、一〇頁）。ドゥルーズとメルロ＝ポンティの映像の考察を映画的関わりからとらえた論文に O. Fahle, « La visibilité du monde. Deleuze, Merleau-Ponty et le cinéma »,

dans A. Beaulieu (éd.), *Gilles Deleuze. Héritage philosophique*, Paris, P.U.F., 2005, 123-143. がある。

（123）　M. Merleau-Ponty, *L'œil et l'esprit*, 23.『眼と精神』、二六一頁。

**［訳注］**

（一）　Simone de Beauvoir：一九〇八―一九八六。フランスの小説家、評論家、劇作家。実存主義者で、サルトルの伴侶として知られる。主著『第二の性』（一九四九）で男女同権論を展開した。

（二）　Enzo Paci：一九一一―一九七六。イタリアの哲学者。実存主義やフッサールの現象学を研究し、パヴィア大学で哲学理論を講じた。

（三）　Vsevolod Pudovkin：一八九三―一九五三。ソヴィエトの映画監督、俳優、理論家。エイゼンシュテインと並ぶモンタージュ理論の主導者。代表作は『母』（一九二六）。

（四）　ある一つの映像が編集されることによって、その前後に位置する他の映像の意味に影響を及ぼす性質のこと。

（五）　Maurice Jaubert：一九〇〇―一九四〇。フランスの作曲家、詩人。史上初めての映画音楽『驚愕の魔術師』を作曲。トーキー時代の黎明期にあった映画音楽の分野に革新をもたらした。

（六）　Jean-Pierre Charcosset：一九四三―二〇一五。フランスの哲学者。リヨンのグランゼコール準備学級で哲学と現象学を講じる。アンリ・マルディネ研究の第一人者。

（七）　Christian Metz：一九三〇―一九九三。フランスの映画理論家。映画に構造言語学の概念を取り入れて「映画記号学」を創始した。主著に『映画記号学の諸問題』（一九七二）などがある。

（八）　Robert Bresson：一九〇一―一九九九。フランスの映画監督、脚本家。『バルタザールどこへ行く』では、一頭のロバの苦難に満ちた生涯を辿った。自らの映画観を断章形式で綴った著書、『シネマトグラフ覚書』（一九七五）がある。

（九）　Claude Lefort：一九二四―二〇一〇。フランスの政治哲学者。全体主義の概念に基づいて、スターリニズムやファシズムを定義し直した。

（一〇）　Etienne-Jules Marey：一八三〇―一九〇四。フランスの医師であり生理学者。一八八二年に、ライフル銃の形をした連続写真撮影機（クロノグラフ・ガン）を発明した。主著に『運動――1894』（一八九四）などがある。

（一一）　Marcel Duchamp：一八八七―一九六八。フランスの画家。ダダイスムの中心的人物。性を形而上学的な機械として捉えた大ガラス作品『彼女の独身者たちによって裸にされた花嫁、さえも』（一九一五―一九二三）は、ブルトンをはじめ多くの芸術家が謎ときに専念した。

（一二）　Max Wertheimer：一八八〇―一九四三。ドイツの心理学者。ゲシュタルト心理学の創始者とされている。主著に『運動視の実験的研究』（一九一二）などがある。

（一三）　「前客観的存在――独我論的世界」（« L'Etre préobjectif : Le monde solipsiste »）というタイトルの一章。

（一四）　Jean Vigo：一九〇五―一九三四。フランスの映画監督。パリ大学ソルボンヌ校で哲学を学ぶ。四本の作品を残し、結核のため二十九歳で他界した。代表作は『アタラント号』（一九三四年）。

（一五）　Geroges Sadoul：一九〇四―一九六七。フランスを代表する映画史家。一九二五年頃からシュルレアリスム運動に参加し、後にマルクス主義に転じる。著書に『映画全史』（一九四六―一九六七）などがある。

（一六）　Bill Viola：一九五一―。ビデオ・アートの第一人者。シラキュース大学で映像や電子音楽について学び、宗教的・哲学的テーマで創作を行なう。『ミレニアムの5天使』（二〇〇一）では、服を着た男性が水中に飛びこむ姿がスローモーションや逆転再生で映し出される。

（一七）Francesco Casetti：一九四七―。イエール大学教授。映像メディア論を専門とする。

（一八）ソシュールやレヴィ＝ストロースを中心とする構造主義を継承しつつも乗り越えるために一九六〇年代後半から七〇年代後半にフランスで生まれた思想運動で、フーコー、ラカン、デリダ、ドゥルーズがその代表として挙げられる。

（一九）Rudolph Arnheim：一九〇四―二〇〇七。ドイツ出身の心理学者。ハーバード大学教授。ゲシュタルト心理学に基づいて美術、音楽、映画の知覚構造を分析した。

（二〇）『思考と動くもの』（一九三四）の序論を参照されたい。

## 第五章

**［原注］**

（1）M. Merleau-Ponty, *Notes des cours au Collège de France 1958-1959 et 1960-1961*, 305.

（2）一九五二―五三年の講義録のなかで、メルロ＝ポンティは、これら二つの現象が「同じ秩序」に基づいていると強調している（*MSME*, 65）。また、続く箇所で「運動の概念＝形象《フィギュール》をつかむことに似ている」（*MSME*, 63）と書いている。

（3）これは本書の第二章ですでに引用したニーチェの『華やぐ知慧』の「第二書序文」（一八八六）の表現を指しているが、ここではメルロ＝ポンティ自身の翻訳を再度挙げておきたい。「真理のヴェールを取り除いても真理は真理のままであるなどとは、われわれはもはや信じない」。M. Merleau-Ponty, *Notes des cours au Collège de France 1958-1959 et 1960-1961*, 277. 強調はカルボーネ。

（4）「自然の概念」に関する三つの講義の一つ目で分析されたシェリングの思想にみられる「光の新しい理念」については、次を参照のこと。F. Moiso, « Una ragione all'altezza della natura. La convergenza fra Schelling e Merleau-Ponty », *Chiasmi*, n. 1, 1998, 83-90.

（5）このテーマについては、次を参照されたい。G. A. Johnson, *The Retrieval of the Beautiful : Thinking Through Merleau-Ponty's Aesthetics*, 107 *sq*.

（6）R. Delaunay, « La Lumière », dans *Du cubisme à l'art abstrait. Cahiers inédits de R. Delaunay*, Documents inédits publiés par P. Francastel, « Bibliothèque générale de l'Ecole Pratique des Hautes Etudes », Paris, S.E.V.P.E.N., 1957, 150.

（7）M. Merleau-Ponty, *L'œil et l'esprit*, 70-71.『眼と精神』、二八九頁。

（8）M. Merleau-Ponty, *Notes des cours au Collège de France 1958-1959 et 1960-1961*, 182.

（9）*Ibid.*, 194.

（10）ここで引用したプルーストの著書と頁は、*Du côté de chez Swann*, 343-345. である。『失われた時を求めて2　第一篇　スワン家の方へII』、三五二頁。

（11）私はすでに、メルロ＝ポンティが『見えるものと見えないもの』でプルーストの引用に言及した箇所に関する考察を行った。該当頁は以下のとおりである。*La visibliité de l'invisible*, 132 *sq*.

（12）*Cf.* M. Merleau-Ponty, *Le visible et l'invisible*, 198.『見えるものと見えないもの』、二一二頁。

（13）M. Merleau-Ponty. *Notes des cours au Collège de France 1958-1959 et 1960-1961*, 194.

（14）*Cf. ibid*.

（15）M. Proust, *Du côté de chez Swann*, 344.『失われた時を求めて2　第一篇　スワン家の方へII』、三五二

—三五三頁。

(16) M. Merleau-Ponty, *Notes des cours au Collège de France 1958-1959 et 1960-1961*, 193.

(17) *Ibid.*, 196.

(18) *Ibid.*

(19) *Ibid.*

(20) *Ibid.*, 195.

(21) *Ibid.*, 194.

(22) E. Panofsky, *Idea. Contribution à l'histoire du concept de l'ancienne théorie de l'art*, 47-48.『イデア』、三六頁。強調はカルボーネ。

(23) 本書第五章の原注3を御覧頂きたい。

(24) M. Merleau-Ponty, *Notes des cours au Collège de France 1958-1959 et 1960-1961*, 372.

(25) *Ibid.*, 373.

(26) M. Merleau-Ponty, *Le visible et l'invisible*, 224.『見えるものと見えないもの』、二三八頁。メルロ＝ポンティが——ユダヤ人哲学者であるアレクサンドリアのフィロンとプルタルコスが定義し、後に教会の司祭が用いた——思い並べられるロゴスと表明されるロゴスという二分法を参考にした意図については次を参照されたい。*Cf.* P. Burke, « La creatività e l'inconscio in Merleau-Ponty e Schelling », *Chiasmi*, n. 1, 1998, 56 *sq*.

(27) M. Merleau-Ponty, *Notes des cours au Collège de France 1958-1959 et 1960-1961*, 373.

(28) F. Moiso, « Una ragione all'altezza della natura. La convergenza fra Schelling e Merleau-Ponty », 85.

(29) *Ibid.* とくに p. 83-84 を参照されたい。

(30) *Ibid.*, 83.

(31) *Cf.* K. Jaspers, *Schelling*, Munich, Piper, 1955, 291.

(32) M. Merleau-Ponty, *La Nature. Notes. Cours du Collège de France*, 66.

(33) *Ibid.*, 67.

(34) *Ibid.*

(35) F. Moiso, « Una ragione all'altezza della natura. La convergenza fra Schelling e Merleau-Ponty », 85.

(36) M. Merleau-Ponty, *La Nature. Notes. Cours du Collège de France*, 67.

(37) F. Moiso, « Una ragione all'altezza della natura. La convergenza fra Schelling e Merleau-Ponty », 86.

(38) Hermès Trismégiste, *Corpus Hermeticum*, tome I, Poimandrès, Traités I-XII, texte établi par A. D. Nock et traduit par A.-J. Festugière, Paris, Les Belles Lettres, 1945, 7-28.

(39) *Ibid.*, 7-8.

(40) Platon, *Timée*, 49 a, dans *Œuvres complètes*, tome X, texte établi et traduit par A. Rivaud, Paris, Les Belles-Lettres, 1925, 167. プラトン『ティマイオス／クリティアス』岸見一郎訳、現代書館、二〇一五年、七八頁。

(41) Platon, *Timée*, 50 c-e, trad. cit., 169. 同前、八一—八二頁。

(42) Hermès Trismégiste, *Corpus Hermeticum*, tome I, *Poimandrès*, 8.

(43) Platon, *Timée*, 51 a-b, 169-170.『ティマイオス／クリティアス』、八二—八三頁。

(44) この解釈は次の論文から多くの示唆を受けた。J.-J. Wunenburger, *Philosophie des images*, Paris, P.U.F., 1997.

(45) 本書第一章の原注7を参照されたい。

（46）　M. Merleau-Ponty, *Le visible et l'invisible*, 321.『見えるものと見えないもの』、三九五頁。

（47）　*Ibid.*, 223-224. 同前、二三八頁。

**［訳注］**

（一）　Georg Wilhelm Friedrich Hegel：一七七〇―一八三一。ドイツ観念論を代表する哲学者。主著に『精神現象学』（一八〇七）などがある。

（二）　Friedrich Wilhelm Joseph von Schelling：一七七五―一八五四。ドイツ観念論とロマン主義の代表的思想家。合理主義哲学の限界を批判し、自然と自我との合一を説く「同一哲学」を提唱した。

（三）　Francesco Moiso：一九四四―二〇〇一。イタリアの哲学者。トリノ大学で教鞭を執り、カント、フィヒテ、シェリングおよびゲーテの研究を行なった。

（四）　Hermes Trismegistus：ギリシア語の神名で「三重に偉大なヘルメス」の意味を持つ。別称ポイマンドレース。一―三世紀頃に成立した占星術、錬金術、魔術ならびに神学や哲学の祖とされる。

（五）　Robert Delaunay：一八八五―一九四一。二十世紀前半にフランスで活動した画家。抽象絵画の先駆者の一人。

（六）　*Poimandres*：ヘルメス選集（トリスメギストスが著した神秘主義的な近代思想の文献写本）の第一文書。

（七）　Karl Theodor Jaspers：一八八三―一九六九。ドイツの哲学者、精神科医。主著に『精神病理学総論』（一九一三）など。

（八）　Johan Gottlieb Fichte：一七六二―一八一四。ドイツの哲学者。ヘーゲル、シェリングと並ぶドイツ観念論の代表的人物。カント哲学を継承し、自我を根本原理とする知の方法論である「知識学」を確立した。

（九）　André-Jean Festugière：一八九八―一九八二。フランスの哲学者。ネオプラトニズムの専門家で、ヘルメス文書の翻訳者および研究者として知られる。

（一〇）　*Timaeus*：プラトンの後期対話篇の一つで、副題は「自然について」。ティマイオスは、そこに登場するピタゴラスの学徒の名である。デミウルゴスが永遠の原型としてのイデアの世界をモデルに模像としての宇宙を創造したことや四元素（地、水、火、風）説が語られる。

## 第六章

### [原注]

（1）　M. Merleau-Ponty, *L'œil et l'esprit*, 63.『眼と精神』、二八五頁。

（2）　*Ibid.*, 42. 同前、二七二頁。

（3）　M. Merleau-Ponty, *La Nature. Notes. Cours du Collège de France*, 265.

（4）　M. Merleau-Ponty, *Notes des cours au Collège de France 1958-1959 et 1960-1961*, 163.

（5）　*Ibid.*, 278.

（6）　*Ibid.*, 275. この主題については、拙著 *The Thinking of the Sensible : Merleau-Ponty's A-Philosophy*, Evanston, Northwestern University Press, 2004, 14-27（第二章）を御覧頂きたい。

（7）　M. Merleau-Ponty, *Le philosophe et son ombre*, dans *Signes*, 202.『シーニュ（2）』、三頁。

（8）　*Ibid.* 同前。

（9）　M. Merleau-Ponty, *Le visible et l'invisible*, 195.『見えるものと見えないもの』、二〇六頁。

（10）　この主題については、やはり拙著 *Proust et les idées sensibles* を参照頂きたい。

（11）　M. Merleau-Ponty, *La Nature. Notes. Cours du Collège de France*, 228.

（12）　M. Merleau-Ponty, *Le visible et l'invisible*, 138. 強調はカルボーネ。『見えるものと見えないもの』、一四二頁。

（13）　本書第五章の原注43を参照されたい。

（14）　「類似は維持されるが、それはシミュラークルが発散する諸々の系列《セリー》に基づいて構成され、それらを反響させる限りにおいて、シミュラークルの外部効果として生じる」。G. Deleuze, *Logique du sens*, 303. ジル・ドゥルーズ『意味の論理学』岡田弘・宇波彰訳、法政大学出版局、一九八七年、三二三頁。

（15）　この文章は M. Merleau-Ponty, *Le visible et l'invisible*, 199（『見えるものと見えないもの』、二一一頁）と G. Deleuze, *Le pli. Leibniz et le Baroque*, Paris, Minuit, 1988, 12（ジル・ドゥルーズ『襞――ライプニッツとバロック』宇野邦一訳、河出書房新社、一九九八年、一八頁）から引用した。

（16）　P. Claudel, « Traité de la Co-naissance au monde et de soi-même », dans *Art poétique* (1907), Paris, Gallimard, 1984. ポール・クローデル「詩法」斎藤磯雄訳、『筑摩世界文学大系56　クローデル／ヴァレリー』所収、筑摩書房、一九七六年、二〇四頁。この点に関しては、とくに E. de Saint Aubert, « La "co-naissance". Merleau-Ponty et Claudel », dans M. Cariou, R. Barbaras et E. Bimbenet (éd.), *Merleau-Ponty aux frontières de l'invisible*, Cahier de « Chiasmi international », n. 1, Milano, Mimesis, 2003 の p. 249-277 を参照頂きたい。

（17）　M. Merleau-Ponty, *Le visible et l'invisible*, 275.『見えるものと見えないもの』、三二〇頁。

（18）　この意味から、メルロ＝ポンティがクロード・シモンによる一節に言及した箇所の解釈も可能であろう。「決意とは、無から〔*ex nihilo*〕なされるのではなく、今なされるのでもなく、つねに前もってなされる。

なぜなら、われわれはすべてであって、すべてがわれわれと結託しているからだ。行うことを決定するわけではなく、行うがままになると決定するのだ」。M. Merleau-Ponty, *Notes des cours au Collège de France 1958-1959 et 1960-1961*, 214.

（19）　M. Merleau-Ponty, *La Nature. Notes. Cours du Collège de France*, 351.

（20）　G. Deleuze, « Sur Nietzche et l'image de la pensée » (1968), propos recueillis par J.-N. Vuarnet, désormais dans *L'île déserte. Textes et entretiens 1953-1974*, éd. D. Lapoujade, Paris, Minuit, 2002, 193. ジル・ドゥルーズ「ニーチェと思考のイマージュについて」鈴木創士訳、『無人島 1953-1968』所収、前田英樹監修、河出書房新社、二九三頁。「思考のイマージュ」とは、『プルーストとシーニュ』（一九六四）初版本の結論のタイトル、および『差異と反復』の一章のタイトルでもある。*Marcel Proust et les signes* (1964). « Quadrige », Paris, P.U.F., 1998. *Différence et répétition* (1968), « Epiméthée », Paris, P.U.F., 2009, 169 *sq*.

（21）　G. Deleuze, *L'île déserte. Textes et entretiens 1953-1974*, 193.『無人島』、二九四頁。

（22）　この点については、プルーストの小説の別の箇所が例にふさわしいだろう。プルーストはその第一巻で、ヴァントゥイユによる架空のソナタの三つの演奏を描き、それぞれに対して歴史的に異なるインスピレーションの源を結びつけた。したがって、ソナタの同一性がどこにあるのかと問いかけるのは当然のことと思われる。この点については、拙論 M. Carbone, "Composing Vinteuil : Proust's Unheard Music", trad. angl. de D. Jacobson, « Res », n. 48, automne 2005 をお読み頂きたい。ここでの考察と、ナンシーが *À l'écoute*, Paris, Galilée, 2002 のなかで行った考察との間には明らかな一致がみられる。

（23）　M. Merleau-Ponty, *Le visible et l'invisible*, 319.『見えるものと見えないもの』、三九二頁。

（24）　*Ibid*. 同前。

（25）　この逸話の受容史とその現在性の考察として、H. Blumemberg, *Le rire de la servante de Thrace : une histoire des origines de la théorie* (1987), trad. fr. de L. Cassagnau, Paris, L'Arche, 2000を参照されたい。また、この点に関する別の考察については、A. Cavarero, *In Spite of Plato* (1990), trad. angl. de S. Anderlini-D'Onofrio, Polity, Cambridge, 1995を御覧頂きたい。

（26）　M. Merleau-Ponty, *Notes des cours au Collège de France 1958-1959 et 1960-1961*, 275.

**［訳注］**

（一）　本章の訳出に際しては、小菊裕之氏による既訳「メルロ＝ポンティの感性的理念——生と哲学のあいだで」（立命館大学人文科学研究所主催「メルロ＝ポンティ生誕百年記念国際シンポジウム」二〇〇八年十一月二十五日）を適宜参照させて頂いた。

（二）　Thalēs：紀元前六二四—五四六頃。古代ギリシアの哲学者、ギリシア七賢人の一人で、哲学の祖とされる。幾何学、天文学、航海術などにも通じていた。

# 人名索引

＊注の項目はイタリックで示した。

## ア

アナクサゴラス（Anaxagoras） 40, 188
アリストテレス（Aristotle） 40
アルンハイム、ルドルフ（Rudolf Arnheim） 158
アポリネール、ギョーム（Gillaume Apollinaire） 168
アンリ、ミシェル（Michel Henry） 47, 50-54, 224-225
ヴァーネドー、カーク（Kirk Varnedoe） 237
ヴァールブルク、アビ（Aby Moritz Warburg） 34
ヴァルデンフェルス、ベルンハルト（Bernhard Waldenfels） 222, 224
ヴァレリー、ポール（Paul Valéry） 101, 242
ヴィオラ、ビル（Bill Viola） 148, 258
ヴィゴ、ジャン（Jean Vigo） 145
ダ・ヴィンチ、レオナルド（Leonardo da Vinci） 102
ヴェルトハイマー、マックス（Max Wertheimer） 142-143, 256
エスポジト、ロベルト（Roberto Esposito） 65-68
エプスタイン、ジャン（Jean Epstein） 257

エルンスト、マックス（Max Ernst） 101, *242*

## カ

カセッティ、フランチェスコ（Francesco Casetti） 157, *260*
葛飾北斎（Katsushika Hokusai） *235*
カンギレム、ジョルジュ（Georges Canguilhem） 19
カント、イマヌエル（Kant Immanuel） 129-130, *244*
キルケゴール、セーレン（Søren Aabye Kierkegaard） 198
クリステンセン、ステファン（Stefan Kristensen） 17, 144, *256*
クレー、パウル（Paul Klee） 74, 95-99, 101, 104-105, 112, 131, 152, 171, 195, *232*, *241*, *247-249*
クレショフ、レフ（Lev Kulechov） 120, 124, 126, 128
クローチェ、ベネデット（Benedetto Croce） 80
クローデル、ポール（Paul Claudel） 101, 104, 206, *242-244*, *272*
グローマン、ヴィル（Will Grohmann） 97
ゴーガン、ポール（Paul Gauguin） 75-83, 86-91
ゴダール、ジャン＝リュック（Godard, Jean-Luc） 136, 156, *256*
コペルニクス、ニコラウス（Nicolaus Copernicus） 42

## サ

サドゥール、ジョルジュ（Georges Sadoul） 145
サルトル、ジャン＝ポール（Jean-Paul Sartre） 61-62, 117, 164
サントベール、エマニュエル・ド（Emmanuel de Saint-Aubert） 17, 140, 158, *255-256*
シモン、クロード（Claude Simon） 101, *242-243*, *272*
シャール、ルネ（René Char） *246*
シャルコセ、ジャン＝ピエール（Jean-Pierre Charcosset） 128
シェリング、フリードリヒ（F. W. J. Schelling） 171, 180-182, 188, 190, *234*, *267*
ショーペンハウアー、アルトゥル（Arthur Schopenhauer） 53

ジョット（Giotto） 79, *235*
ジョベール、モーリス（Maurice Jaubert） 128, 145-147
スーリオ、エチエンヌ（Étienne Souriau） 134
セザンヌ、ポール（Paul Cézanne） 117, 164, *263*
ソクラテス（Socrates） 40, 58

## タ

タミニオー、ジャック（Jacques Taminiaux） 114
ダルマッソ、アンナ＝カトリーナ（Anna Caterina Dalmasso） *254, 257*
ディオダート、ロベルト（Roberto Diodato） 69
ディディ＝ユベルマン、ジョルジュ（Georges Didi-Huberman） 34, 85, 163, *218-220*
デカルト、ルネ（René Descartes） 39, 99-100, 102-103, 106, 137, 171-173, 175, 198, *248*
テルトゥリアヌス（Tertullianus） 52
デリダ、ジャック（Jacques Derrida） 47-50, 54, 56, 59, 65, 74, 77, 80, 82, 89, *223-224, 228*
デュシャン、マルセル（Marcel Duchamp） 139
ドゥルーズ、ジル（Gilles Deleuze） 112, 205, 209, *216, 244, 248, 256, 262-263, 266, 272-273*
ドゥローネ、ロベール（Robert Delaunay） 171-172, 183, 187, 189
ドーミエ、オノレ（Honoré-Victorin Daumier） 79, *235*

## ナ

ナンシー、ジャン＝リュック（Jean-Luc Nancy） 46-48, 54, 56, 62-63, 65, 67-68, 74, 80, 83-85, 91, *222-223, 225-226, 235-237, 273*
ニーチェ、フリードリヒ（Friedrich Wilhelm Nietzsche） 26, 88, 171, 178, 198, *237, 239*

## ハ

ハイデガー、マルティン（Martin Heidegger） 49, 54, 103, 110, 198, *225, 246*
バザン、アンドレ（André Bazin） 122, 134, 138, 153, 161, *261*
バシュラール、ガストン（Gaston Bachelard） 58

パシ、エンゾ（Enzo Paci） 120
パノフスキー、エルヴィン（Erwin Panofsky） 86, 178, 237
バルバラ、ルナール（Renard Barbara） 259
ビュシ＝グリュックスマン、クリスティーヌ（Christine Buci-Glucksmann） 107, 243, 248
フィヒテ、ヨハン・ゴットリープ（Johann Gottlieb Fichte） 180
フィロン（Filon） *268*
フォンテナス、アンドレ（André Fontainas） 81
フッサール、エドムント（Edmund Husserl） 39, 41-42, 44-46, 49, 57, 60, 74, 104, 131, 179, 198, 200, *219*, *221-222*, *224*, *229*, *230*, *233*, *246*, *259-260*, *264*
フランク、ディディエ（Didier Franck） 42, 46, 48, 222
フロイト、ジークムント（Sigmund Freud） 53, 57, 59, 162, 226-227
プドフキン、フセヴォロド（Vsevolod Pudovkin） 120-121
プラトン（Platon） 14, 26-27, 98, 170, 173, 175, 180, 184-187, 190, 201-202, 204, 207, 212, *244*, *269*
プルースト、マルセル（Marcel Proust） 101, 124, 131, 162-163, 165, 171, 173-175, 177, 189, 191, 200-202, 208, 210, *242*, *244*, *263*, *267*, *273*
プルタルコス（Plutarchus） 268
ブレッソン、ロベール（Robert Bresson） 136
プロティノス（Plotinus） 85-86, 178
ヘーゲル、ゲオルク（G. W. F. Hegel） 170-172, 198-199, 211, 213
ベーコン、フランシス（Francic Bacon） *263*
ベーム、ゴットフリート（Gottfried Böhm） 218
ベルクソン、アンリ（Henri Bergson） 48, 123, 126-127, 133, 139, 141-144, 147, 164, 223, 252, 256
ベンヤミン、ヴァルター（Walter Benjamin） 34, *220*
ペルス、サン＝ジョン（Saint-John Perse） 101, *242*
ボーヴォワール、シモーヌ・ド（Simone de Beauvoir） 117
ボードリヤール、ジャン（Jean Baudrillard） *261*
ボードレール、シャルル（Charles Beaudelaire） 104

## マ

マネ、エドゥアール（Édouard Manet） 86, *237*
マラルメ、ステファヌ（Stéphane Mallarmé） *246*
マルクス、カール（Kark Marx） 198
マルセル、ガブリエル（Gabriel Marcel） 134
マルディネ、アンリ（Henri Maldiney） *217*
マルロー、アンドレ（André Malraux） *258-259*
マレー、エティエンヌ＝ジュール（Étienne-Jules Marey） 139
ミッチェル、ウィリアム・ジョン・トーマス（W. J. T. Michell） 32
メッツ、クリスチャン（Christian Metz） 133-135, *254*
メルセンヌ、マラン（Marin Mersenne） 106
モイゾ、フランチェスコ（Francesco Moiso） 171, 180-182
モジューヒン、イワン（Ivan Mosjoukine） 121
モンターニ、ピエトロ（Pietro Montani） 68, *261*

## ヤ

ヤスパース、カール（Karl Theodor Jaspers） 180

## ラ

ランボー、アルチュール（Arthur Rimbaud） 101-103, 106-107, *243-246*
リオタール、ジャン＝フランソワ（Jean-François Lyotard） 61
ルフォール、クロード（Claude Lefort） *232*
ルドン、オディロン（Odilon Redon） 78
ロレンス、デーヴィット・ハーバート（David Herbert Lawrence） *263*
ロブ＝グリエ、アラン（Alain Robbe-Grillet） 134
ロドリゴ、ピエール（Pierre Rodrigo） 17, 121-122, 124, 127, 128

## 著者／訳者について——

**マウロ・カルボーネ**（Mauro Carbone）　一九五六年、マントヴァ（イタリア）生まれ。ジャン・ムーラン・リヨン第三大学哲学科教授。専門は現象学、現代美学。主な著書に、『プルーストと感受される理念』（*Proust et les idées sensibles*, Vrin, 2008）、『視覚の痕跡——メルロ＝ポンティと今日のイマージュ』（*L'empreinte du visuel. Merleau-Ponty et les images aujourd'hui*, MētisPresses, 2013）、『哲学－画面——映画からデジタル革命へ』（*Philosophie-écrans. Du cinéma à la révolution numérique*, Vrin, 2016）などがある。

＊

**西村和泉**（にしむらいづみ）　一九七四年生まれ。パリ第八大学大学院博士課程修了。博士（文学）。名古屋芸術大学芸術学部准教授。専攻、二十世紀フランス文学。主な著書に、『サミュエル・ベケット！』（共著、水声社、二〇一二）、『ベケットを見る八つの方法』（共著、水声社、二〇一三）、『サミュエル・ベケットと批評の遠近法』（共著、未知谷、二〇一六）、訳書に、アラン・バディウ『ベケット』（水声社、二〇〇八）、ミシェル・フーコー『レイモン・アロンとの対話』（水声社、二〇一三）などがある。

装幀——西山孝司

イマージュの肉――絵画と映画のあいだのメルロ＝ポンティ

二〇一七年一二月一五日第一版第一刷印刷　二〇一七年一二月二五日第一版第一刷発行

著者――マウロ・カルボーネ

訳者――西村和泉

発行者――鈴木宏

発行所――株式会社水声社
東京都文京区小石川二―七―五　郵便番号一一二―〇〇〇二
電話〇三―三八一八―六〇四〇　ＦＡＸ〇三―三八一八―二四三七
［編集部］横浜市港北区新吉田東一―七七―一七　郵便番号二二三―〇〇五八
電話〇四五―七一七―五三五六　ＦＡＸ〇四五―七一七―五三五七
郵便振替〇〇一八〇―四―六五四一〇〇
URL : http://www.suiseisha.net

印刷・製本――精興社

ISBN978-4-8010-0299-9
乱丁・落丁本はお取り替えいたします。